T&P BOOKS

I0151486

JAPONÊS

VOCABULÁRIO

PALAVRAS MAIS ÚTEIS

PORTUGUÊS
JAPONÊS

Para alargar o seu léxico e apurar
as suas competências linguísticas

7000 palavras

Vocabulário Português-Japonês - 7000 palavras

Por Andrey Taranov

Os vocabulários da T&P Books destinam-se a ajudar a aprender, a memorizar, e a rever palavras estrangeiras. O dicionário é dividido em temas, cobrindo todas as principais esferas de atividades quotidianas, negócios, ciência, cultura, etc.

O processo de aprendizagem, utilizando os dicionários baseados em temáticas da T&P Books dá-lhe as seguintes vantagens:

- Informação de origem corretamente agrupada predetermina o sucesso em fases subsequentes da memorização de palavras
- Disponibilização de palavras derivadas da mesma raiz, o que permite a memorização de unidades de texto (em vez de palavras separadas)
- Pequenas unidades de palavras facilitam o processo de estabelecimento de vínculos associativos necessários para a consolidação do vocabulário
- O nível de conhecimento da língua pode ser estimado pelo número de palavras aprendidas

T&P Books Publishing
www.tpbooks.com

ISBN: 978-1-78400-907-6

Este livro também está disponível em formato E-book.
Por favor visite www.tpbooks.com ou as principais livrarias on-line.

VOCABULÁRIO JAPONÊS
palavras mais úteis

Os vocabulários da T&P Books destinam-se a ajudar a aprender, a memorizar, e a rever palavras estrangeiras. O vocabulário contém mais de 7000 palavras de uso comum organizadas tematicamente.

O vocabulário contém as palavras mais comummente usadas
Recomendado como adicional para qualquer curso de línguas
Satisfaz as necessidades dos iniciados e dos alunos avançados de línguas estrangeiras
Conveniente para o uso diário, sessões de revisão e atividades de auto-teste
Permite avaliar o seu vocabulário

Características especias do vocabulário

*   As palavras estão organizadas de acordo com o seu significado, e não por ordem alfabética
*   As palavras são apresentadas em três colunas para facilitar os processos de revisão e auto-teste
*   As palavras compostas são divididas em pequenos blocos para facilitar o processo de aprendizagem
*   O vocabulário oferece uma transcrição simples e adequada de cada palavra estrangeira

O vocabulário contém 198 tópicos incluindo:

Conceitos básicos, Números, Cores, Meses, Estações do ano, Unidades de medida, Roupas & Acessórios, Alimentos & Nutrição, Restaurante, Membros da Família, Parentes, Caráter, Sentimentos, Emoções, Doenças, Cidade, Passeios, Compras, Dinheiro, Casa, Lar, Escritório, Trabalho no Escritório, Importação & Exportação, Marketing, Pesquisa de Emprego, Desportos, Educação, Computador, Internet, Ferramentas, Natureza, Países, Nacionalidades e muito mais ...

TABELA DE CONTEÚDOS

GUIA DE PRONUNCIAÇÃO

Alfabeto fonético T&P	Hiragana	Katakana	Romaji	Exemplo Japonês	Exemplo Português

Consoantes

[a]	あ	ア	a	あなた	chamar
[i], [i:]	い	イ	i	いす	sinónimo
[u], [u:]	う	ウ	u	うた	bonita
[e]	え	エ	e	いいえ	metal
[ɔ]	お	オ	o	しお	emboço
[ja]	や	ヤ	ya	やすみ	Himalaias
[ju]	ゆ	ユ	yu	ふゆ	nacional
[jɔ]	よ	ヨ	yo	ようす	ioga

Sílabas

[b]	ば	バ	b	ばん	barril
[ʧ]	ち	チ	ch	ちち	Tchim-tchim!
[d]	だ	ダ	d	からだ	dentista
[f]	ふ	フ	f	ひふ	safári
[g]	が	ガ	g	がっこう	gosto
[h]	は	ハ	h	はは	[h] aspirada
[ʤ]	じ	ジ	j	じしょ	adjetivo
[k]	か	カ	k	かぎ	kiwi
[m]	む	ム	m	さむらい	magnólia
[n]	に	ニ	n	にもつ	natureza
[p]	ぱ	パ	p	パン	presente
[r]	ら	ラ	r	いくら	riscar
[s]	さ	サ	s	あさ	sanita
[ɕ]	し	シ	sh	わたし	shiatsu
[t]	た	タ	t	ふた	tulipa
[ts]	つ	ツ	ts	いくつ	tsé-tsé
[w]	わ	ワ	w	わた	página web
[dz]	ざ	ザ	z	ざっし	pizza

ABREVIATURAS
usadas no vocabulário

Abreviaturas do Português

adj	-	adjetivo
adv	-	advérbio
anim.	-	animado
conj.	-	conjunção
desp.	-	desporto
etc.	-	etecetra
ex.	-	por exemplo
f	-	nome feminino
f pl	-	feminino plural
fem.	-	feminino
inanim.	-	inanimado
m	-	nome masculino
m pl	-	masculino plural
m, f	-	masculino, feminino
masc.	-	masculino
mat.	-	matemática
mil.	-	militar
pl	-	plural
prep.	-	preposição
pron.	-	pronome
sb.	-	sobre
sing.	-	singular
v aux	-	verbo auxiliar
vi	-	verbo intransitivo
vi, vt	-	verbo intransitivo, transitivo
vr	-	verbo reflexivo
vt	-	verbo transitivo

CONCEITOS BÁSICOS

Conceitos básicos. Parte 1

1. Pronomes

eu	私	watashi
tu	あなた	anata
ele	彼	kare
ela	彼女	kanojo
nós	私たち	watashi tachi
vocês	あなたがた	anata ga ta
eles, elas	彼らは	karera wa

2. Cumprimentos. Saudações. Despedidas

Olá!	やあ！	yā!
Bom dia! (formal)	こんにちは！	konnichiwa!
Bom dia! (de manhã)	おはよう！	ohayō!
Boa tarde!	こんにちは！	konnichiwa!
Boa noite!	こんばんは！	konbanwa!
cumprimentar (vt)	こんにちはと言う	konnichiwa to iu
Olá!	やあ！	yā!
saudação (f)	挨拶	aisatsu
saudar (vt)	挨拶する	aisatsu suru
Como vai?	お元気ですか？	wo genki desu ka?
Como vais?	元気？	genki？
O que há de novo?	調子はどう？	chōshi ha dō？
Até à vista!	さようなら！	sayōnara!
Adeus! (formal)	さようなら！	sayōnara!
Até à vista! (informal)	バイバイ！	baibai!
Até breve!	じゃあね！	jā ne!
Adeus!	さらば！	saraba！
despedir-se (vr)	別れを告げる	wakare wo tsugeru
Até logo!	またね！	mata ne!
Obrigado! -a!	ありがとう！	arigatō!
Muito obrigado! -a!	どうもありがとう！	dōmo arigatō!
De nada	どういたしまして	dōitashimashite
Não tem de quê	礼なんていいよ	rei nante ī yo
De nada	どういたしまして	dōitashimashite
Desculpa!	失礼！	shitsurei!
Desculpe!	失礼致します！	shitsurei itashi masu!

desculpar (vt)	許す	yurusu
desculpar-se (vr)	謝る	ayamaru
As minhas desculpas	おわび致します！	owabi itashi masu!
Desculpe!	ごめんなさい！	gomennasai!
perdoar (vt)	許す	yurusu
Não faz mal	大丈夫です！	daijōbu desu!
por favor	お願い	onegai
Não se esqueça!	忘れないで！	wasure nai de!
Certamente! Claro!	もちろん！	mochiron!
Claro que não!	そんなことないよ！	sonna koto nai yo!
Está bem! De acordo!	オーケー！	ōkē!
Basta!	もう十分だ！	mō jūbun da!

3. Números cardinais. Parte 1

zero	ゼロ	zero
um	一	ichi
dois	二	ni
três	三	san
quatro	四	yon
cinco	五	go
seis	六	roku
sete	七	nana
oito	八	hachi
nove	九	kyū
dez	十	jū
onze	十一	jū ichi
doze	十二	jū ni
treze	十三	jū san
catorze	十四	jū yon
quinze	十五	jū go
dezasseis	十六	jū roku
dezassete	十七	jū shichi
dezoito	十八	jū hachi
dezanove	十九	jū kyū
vinte	二十	ni jū
vinte e um	二十一	ni jū ichi
vinte e dois	二十二	ni jū ni
vinte e três	二十三	ni jū san
trinta	三十	san jū
trinta e um	三十一	san jū ichi
trinta e dois	三十二	san jū ni
trinta e três	三十三	san jū san
quarenta	四十	yon jū
quarenta e um	四一	yon jū ichi
quarenta e dois	四二	yon jū ni
quarenta e três	四三	yon jū san

cinquenta	五十	go jū
cinquenta e um	五十一	go jū ichi
cinquenta e dois	五十二	go jū ni
cinquenta e três	五十三	go jū san

sessenta	六十	roku jū
sessenta e um	六十一	roku jū ichi
sessenta e dois	六十二	roku jū ni
sessenta e três	六十三	roku jū san

setenta	七十	nana jū
setenta e um	七十一	nana jū ichi
setenta e dois	七十二	nana jū ni
setenta e três	七十三	nana jū san

oitenta	八十	hachi jū
oitenta e um	八十一	hachi jū ichi
oitenta e dois	八十二	hachi jū ni
oitenta e três	八十三	hachi jū san

noventa	九十	kyū jū
noventa e um	九十一	kyū jū ichi
noventa e dois	九十二	kyū jū ni
noventa e três	九十三	kyū jū san

4. Números cardinais. Parte 2

cem	百	hyaku
duzentos	二百	ni hyaku
trezentos	三百	san byaku
quatrocentos	四百	yon hyaku
quinhentos	五百	go hyaku

seiscentos	六百	roppyaku
setecentos	七百	nana hyaku
oitocentos	八百	happyaku
novecentos	九百	kyū hyaku

mil	千	sen
dois mil	二千	nisen
De quem são ...?	三千	sanzen
dez mil	一万	ichiman
cem mil	10万	jyūman
um milhão	百万	hyakuman
mil milhões	十億	jūoku

5. Números. Frações

fração (f)	分数	bunsū
um meio	2分の1	ni bunno ichi
um terço	3分の1	san bunno ichi
um quarto	4分の1	yon bunno ichi

um oitavo	8分の1	hachi bunno ichi
um décimo	10分の1	jyū bunno ichi
dois terços	3分の2	san bunno ni
três quartos	4分の3	yon bunno san

6. Números. Operações básicas

subtração (f)	引き算	hikizan
subtrair (vi, vt)	引き算する	hikizan suru
divisão (f)	割り算	warizan
dividir (vt)	割る	wareru

adição (f)	加算	kasan
somar (vt)	加算する	kasan suru
adicionar (vt)	足す	tasu
multiplicação (f)	掛け算	kakezan
multiplicar (vt)	掛ける	kakeru

7. Números. Diversos

algarismo, dígito (m)	桁数	keta sū
número (m)	数字	sūji
numeral (m)	数詞	sūshi
menos (m)	負号	fugō
mais (m)	正符号	sei fugō
fórmula (f)	公式	kōshiki

cálculo (m)	計算	keisan
contar (vt)	計算する	keisan suru

calcular (vt)	数える	kazoeru
comparar (vt)	比較する	hikaku suru

Quanto?	いくら？	ikura ?
Quanto, -os, -as?	いくら？	ikura ?
Quantos? -as?	いくつ？	ikutsu ?
soma (f)	合計	gōkei

resultado (m)	結果	kekka
resto (m)	剰余、余り	jōyo, amari

alguns, algumas …	少数の	shōsū no
um pouco de …	少し	sukoshi
resto (m)	残り	nokori

um e meio	1,5	ittengo
dúzia (f)	ダース	dāsu

ao meio	半分に	hanbun ni
em partes iguais	均等に	kintō ni
metade (f)	半分	hanbun
vez (f)	回	kai

8. Os verbos mais importantes. Parte 1

abrir (vt)	開ける	akeru
acabar, terminar (vt)	終える	oeru
aconselhar (vt)	助言する	jogen suru
adivinhar (vt)	言い当てる	īateru
advertir (vt)	警告する	keikoku suru
ajudar (vt)	手伝う	tetsudau
alugar (~ um apartamento)	借りる	kariru
amar (vt)	愛する	aisuru
ameaçar (vt)	脅す	odosu
anotar (escrever)	書き留める	kakitomeru
apanhar (vt)	捕らえる	toraeru
apressar-se (vr)	急ぐ	isogu
arrepender-se (vr)	後悔する	kōkai suru
assinar (vt)	署名する	shomei suru
atirar, disparar (vi)	撃つ	utsu
brincar (vi)	冗談を言う	jōdan wo iu
brincar, jogar (crianças)	遊ぶ	asobu
buscar (vt)	探す	sagasu
caçar (vi)	狩る	karu
cair (vi)	落ちる	ochiru
cavar (vt)	掘る	horu
cessar (vt)	止める	tomeru
chamar (~ por socorro)	求める	motomeru
chegar (vi)	到着する	tōchaku suru
chorar (vi)	泣く	naku
começar (vt)	始める	hajimeru
comparar (vt)	比較する	hikaku suru
compreender (vt)	理解する	rikai suru
concordar (vi)	同意する	dōi suru
confiar (vt)	信用する	shinyō suru
confundir (equivocar-se)	混同する	kondō suru
conhecer (vt)	知っている	shitte iru
contar (fazer contas)	計算する	keisan suru
contar com (esperar)	…を頼りにする	… wo tayori ni suru
continuar (vt)	続ける	tsuzukeru
controlar (vt)	管制する	kansei suru
convidar (vt)	招待する	shōtai suru
correr (vi)	走る	hashiru
criar (vt)	創造する	sōzō suru
custar (vt)	かかる	kakaru

9. Os verbos mais importantes. Parte 2

dar (vt)	手渡す	tewatasu
dar uma dica	暗示する	anji suru

decorar (enfeitar)	飾る	kazaru
defender (vt)	防衛する	bōei suru
deixar cair (vt)	落とす	otosu

descer (para baixo)	下りる	oriru
desculpar (vt)	許す	yurusu
desculpar-se (vr)	謝る	ayamaru
dirigir (~ uma empresa)	管理する	kanri suru
discutir (notícias, etc.)	討議する	tōgi suru
dizer (vt)	言う	iu

duvidar (vt)	疑う	utagau
encontrar (achar)	見つける	mitsukeru
enganar (vt)	だます	damasu
entrar (na sala, etc.)	入る	hairu
enviar (uma carta)	送る	okuru

errar (equivocar-se)	誤りをする	ayamari wo suru
escolher (vt)	選択する	sentaku suru
esconder (vt)	隠す	kakusu
escrever (vt)	書く	kaku
esperar (o autocarro, etc.)	待つ	matsu

esperar (ter esperança)	希望する	kibō suru
esquecer (vt)	忘れる	wasureru
estudar (vt)	勉強する	benkyō suru
exigir (vt)	要求する	yōkyū suru
existir (vi)	存在する	sonzai suru

explicar (vt)	説明する	setsumei suru
falar (vi)	話す	hanasu
faltar (clases, etc.)	欠席する	kesseki suru
fazer (vt)	する	suru
ficar em silêncio	沈黙を守る	chinmoku wo mamoru
gabar-se, jactar-se (vr)	自慢する	jiman suru

gritar (vi)	叫ぶ	sakebu
guardar (cartas, etc.)	保つ	tamotsu
informar (vt)	知らせる	shiraseru
insistir (vi)	主張する	shuchō suru

insultar (vt)	侮辱する	bujoku suru
interessar-se (vr)	…に興味がある	… ni kyōmi ga aru
ir (a pé)	行く	iku
ir nadar	海水浴をする	kaisuiyoku wo suru
jantar (vi)	夕食をとる	yūshoku wo toru

10. Os verbos mais importantes. Parte 3

ler (vt)	読む	yomu
libertar (cidade, etc.)	解放する	kaihō suru
matar (vt)	殺す	korosu
mencionar (vt)	言及する	genkyū suru
mostrar (vt)	見せる	miseru

mudar (modificar)	変える	kaeru
nadar (vi)	泳ぐ	oyogu
negar-se a …	拒絶する	kyozetsu suru
objetar (vt)	反対する	hantai suru

observar (vt)	監視する	kanshi suru
ordenar (mil.)	命令する	meirei suru
ouvir (vt)	聞く	kiku
pagar (vt)	払う	harau
parar (vi)	止まる	tomaru

participar (vi)	参加する	sanka suru
pedir (comida)	注文する	chūmon suru
pedir (um favor, etc.)	頼む	tanomu
pegar (tomar)	取る	toru
pensar (vt)	思う	omō

perceber (ver)	見掛ける	mikakeru
perdoar (vt)	許す	yurusu
perguntar (vt)	問う	tō
permitir (vt)	許可する	kyoka suru
pertencer a …	所有物である	shoyū butsu de aru

planear (vt)	計画する	keikaku suru
poder (vi)	できる	dekiru
possuir (vt)	所有する	shoyū suru
preferir (vt)	好む	konomu
preparar (vt)	料理をする	ryōri wo suru

prever (vt)	見越す	mikosu
prometer (vt)	約束する	yakusoku suru
pronunciar (vt)	発音する	hatsuon suru
propor (vt)	提案する	teian suru
punir (castigar)	罰する	bassuru

11. Os verbos mais importantes. Parte 4

quebrar (vt)	折る、壊す	oru, kowasu
queixar-se (vr)	不平を言う	fuhei wo iu
querer (desejar)	欲する	hossuru
recomendar (vt)	推薦する	suisen suru
repetir (dizer outra vez)	復唱する	fukushō suru

repreender (vt)	叱る［しかる］	shikaru
reservar (~ um quarto)	予約する	yoyaku suru
responder (vt)	回答する	kaitō suru
rezar, orar (vi)	祈る	inoru
rir (vi)	笑う	warau

roubar (vt)	盗む	nusumu
saber (vt)	知る	shiru
sair (~ de casa)	出る	deru
salvar (vt)	救出する	kyūshutsu suru
seguir …	…について行く	… ni tsuiteiku

sentar-se (vr)	座る	suwaru
ser necessário	必要である	hitsuyō de aru
ser, estar	ある	aru
significar (vt)	意味する	imi suru

sorrir (vi)	ほほえむ [微笑む]	hohoemu
subestimar (vt)	甘く見る	amaku miru
surpreender-se (vr)	驚く	odoroku
tentar (vt)	試みる	kokoromiru

ter (vt)	持つ	motsu
ter fome	腹をすかす	hara wo sukasu
ter medo	怖がる	kowagaru
ter sede	喉が渇く	nodo ga kawaku

tocar (com as mãos)	触れる	fureru
tomar o pequeno-almoço	朝食をとる	chōshoku wo toru
trabalhar (vi)	働く	hataraku
traduzir (vt)	翻訳する	honyaku suru
unir (vt)	合体させる	gattai saseru

vender (vt)	売る	uru
ver (vt)	見る	miru
virar (ex. ~ à direita)	曲がる	magaru
voar (vi)	飛ぶ	tobu

12. Cores

cor (f)	色	iro
matiz (m)	色合い	iroai
tom (m)	色相	shikisō
arco-íris (m)	虹	niji

branco	白い	shiroi
preto	黒い	kuroi
cinzento	灰色の	haïro no

verde	緑の	midori no
amarelo	黄色い	kīroi
vermelho	赤い	akai

azul	青い	aoi
azul claro	水色の	mizu iro no
rosa	ピンクの	pinku no
laranja	オレンジの	orenji no
violeta	紫色の	murasaki iro no
castanho	茶色の	chairo no

dourado	金色の	kiniro no
prateado	銀色の	giniro no

bege	ベージュの	bēju no
creme	クリームの	kurīmu no
turquesa	ターコイズブルーの	tākoizuburū no

vermelho cereja	チェリーレッドの	cherī reddo no
lilás	ライラックの	rairakku no
carmesim	クリムゾンの	kurimuzon no

claro	薄い	usui
escuro	濃い	koi
vivo	鮮やかな	azayaka na

de cor	色の	iro no
a cores	カラー…	karā …
preto e branco	白黒の	shirokuro no
unicolor	単色の	tanshoku no
multicor	色とりどりの	irotoridori no

13. Questões

Quem?	誰？	dare ?
Que?	何？	nani ?
Onde?	どこに？	doko ni ?
Para onde?	どちらへ？	dochira he ?
De onde?	どこから？	doko kara ?
Quando?	いつ？	itsu ?
Para quê?	なんで？	nande ?
Porquê?	どうして？	dōshite ?

Para quê?	何のために？	nan no tame ni ?
Como?	どうやって？	dō yatte?
Qual?	どんな ？	donna?
Qual? (entre dois ou mais)	どちらの…？	dochira no …?

A quem?	誰に？	dare ni ?
Sobre quem?	誰のこと？	dare no koto ?
Do quê?	何のこと？	nannokoto ?
Com quem?	誰と？	dare to ?

Quantos? -as?	いくつ？	ikutsu ?
Quanto?	いくら？	ikura ?
De quem? (masc.)	誰のもの？	Dare no mono ?

14. Palavras funcionais. Advérbios. Parte 1

Onde?	どこに？	doko ni ?
aqui	ここで	kokode
lá, ali	そこで	sokode

| em algum lugar | どこかで | doko ka de |
| em lugar nenhum | どこにも | doko ni mo |

ao pé de …	近くで	chikaku de
ao pé da janela	窓辺に	mado beni
Para onde?	どちらへ？	dochira he ?
para cá	こちらへ	kochira he

para lá	そこへ	soko he
daqui	ここから	koko kara
de lá, dali	そこから	soko kara

| perto | そばに | soba ni |
| longe | 遠くに | tōku ni |

perto de ...	近く	chikaku
ao lado de	近くに	chikaku ni
perto, não fica longe	遠くない	tōku nai

esquerdo	左の	hidari no
à esquerda	左に	hidari ni
para esquerda	左へ	hidari he

direito	右の	migi no
à direita	右に	migi ni
para direita	右へ	migi he

à frente	前に	mae ni
da frente	前の	mae no
em frente (para a frente)	前方へ	zenpō he

atrás de ...	後ろに	ushiro ni
por detrás (vir ~)	後ろから	ushiro kara
para trás	後ろへ	ushiro he

| meio (m), metade (f) | 中央 | chūō |
| no meio | 中央に | chūō ni |

de lado	側面から	sokumen kara
em todo lugar	どこでも	doko demo
ao redor (olhar ~)	…の周りを	... no mawari wo

de dentro	中から	naka kara
para algum lugar	どこかへ	dokoka he
diretamente	真っ直ぐに	massugu ni
de volta	戻って	modotte

| de algum lugar | どこからでも | doko kara demo |
| de um lugar | どこからか | doko kara ka |

em primeiro lugar	第一に	dai ichi ni
em segundo lugar	第二に	dai ni ni
em terceiro lugar	第三に	dai san ni

de repente	急に	kyū ni
no início	初めは	hajime wa
pela primeira vez	初めて	hajimete
muito antes de ...	…かなり前に	... kanari mae ni
de novo, novamente	新たに	arata ni
para sempre	永遠に	eien ni

nunca	一度も	ichi do mo
de novo	再び	futatabi
agora	今	ima

frequentemente	よく	yoku
então	あのとき	ano toki
urgentemente	至急に	shikyū ni
usualmente	普通は	futsū wa
a propósito, …	ところで、…	tokorode, …
é possível	可能な	kanō na
provavelmente	恐らく［おそらく］	osoraku
talvez	ことによると	kotoni yoru to
além disso, …	それに	soreni
por isso …	従って	shitagatte
apesar de …	…にもかかわらず	… ni mo kakawara zu
graças a …	…のおかげで	… no okage de
que (pron.)	何	nani
que (conj.)	…ということ	… toyuu koto
algo	何か	nani ka
alguma coisa	何か	nani ka
nada	何もない	nani mo nai
quem	誰	dare
alguém (~ teve uma ideia …)	ある人	aru hito
alguém	誰か	dare ka
ninguém	誰も…ない	dare mo … nai
para lugar nenhum	どこへも	doko he mo
de ninguém	誰の…でもない	dare no … de mo nai
de alguém	誰かの	dare ka no
tão	とても	totemo
também (gostaria ~ de …)	また	mata
também (~ eu)	も	mo

15. Palavras funcionais. Advérbios. Parte 2

Porquê?	どうして？	dōshite ?
por alguma razão	なぜか［何故か］	naze ka
porque …	なぜなら	nazenara
por qualquer razão	何らかの理由で	nanrakano riyū de
e (tu ~ eu)	と	to
ou (ser ~ não ser)	または	matawa
mas (porém)	でも	demo
para (~ a minha mãe)	…のために	… no tame ni
demasiado, muito	…すぎる	… sugiru
só, somente	もっぱら	moppara
exatamente	正確に	seikaku ni
cerca de (~ 10 kg)	約	yaku
aproximadamente	おおよそ	ōyoso
aproximado	おおよその	ōyosono
quase	ほとんど	hotondo
resto (m)	残り	nokori

o outro (segundo)	もう一方の	mōippōno
outro	他の	hokano
cada	各	kaku
qualquer	どれでも	dore demo
muitos, muitas	多くの	ōku no
muito	多量の	taryō no
muitas pessoas	多くの人々	ōku no hitobito
todos	あらゆる人	arayuru hito
em troca de …	…の返礼として	… no henrei toshite
em troca	引き換えに	hikikae ni
à mão	手で	te de
pouco provável	ほとんど…ない	hotondo … nai
provavelmente	恐らく［おそらく］	osoraku
de propósito	わざと	wazato
por acidente	偶然に	gūzen ni
muito	非常に	hijō ni
por exemplo	例えば	tatoeba
entre	間	kan
entre (no meio de)	…の間で	… no made
tanto	たくさん	takusan
especialmente	特に	tokuni

Conceitos básicos. Parte 2

16. Opostos

rico	裕福な	yūfuku na
pobre	貧乏な	binbō na
doente	病気の	byōki no
são	健康な	kenkō na
grande	大きい	ohkī
pequeno	小さい	chīsai
rapidamente	早く	hayaku
lentamente	遅く	osoku
rápido	速い	hayai
lento	遅い	osoi
alegre	嬉しい	ureshī
triste	悲しい	kanashī
juntos	一緒に	issho ni
separadamente	別々に	betsubetsu ni
em voz alta (ler ~)	声に出して	koe ni dashi te
para si (em silêncio)	黙って	damatte
alto	高い	takai
baixo	低い	hikui
profundo	深い	fukai
pouco fundo	浅い	asai
sim	はい	hai
não	いいえ	īe
distante (no espaço)	遠くの	tōku no
próximo	近くの	chikaku no
longe	遠くに	tōku ni
perto	近くに	chikaku ni
longo	長い	nagai
curto	短い	mijikai
bom, bondoso	良い	yoi
mau	悪い	warui
casado	既婚の	kikon no

solteiro	独身の	dokushin no
proibir (vt)	禁じる	kinjiru
permitir (vt)	許可する	kyoka suru
fim (m)	最後	saigo
começo (m)	最初	saisho
esquerdo	左の	hidari no
direito	右の	migi no
primeiro	第一の	dai ichi no
último	最後の	saigo no
crime (m)	罪	tsumi
castigo (m)	罰	batsu
ordenar (vt)	命令する	meirei suru
obedecer (vt)	従う	shitagau
reto	直···、真っすぐな	choku ..., massuguna
curvo	曲がった	magatta
paraíso (m)	極楽	gokuraku
inferno (m)	地獄	jigoku
nascer (vi)	生まれる	umareru
morrer (vi)	死ぬ	shinu
forte	強い	tsuyoi
fraco, débil	弱い	yowai
idoso	年上の	toshiue no
jovem	若い	wakai
velho	古い	furui
novo	新しい	atarashī
duro	硬い	katai
mole	柔らかい	yawarakai
tépido	暖かい	atatakai
frio	寒い	samui
gordo	でぶの	debu no
magro	痩せた	yase ta
estreito	狭い	semai
largo	広い	hiroi
bom	良い	yoi
mau	悪い	warui
valente	勇敢な	yūkan na
cobarde	臆病な	okubyō na

17. Dias da semana

segunda-feira (f)	月曜日	getsuyōbi
terça-feira (f)	火曜日	kayōbi
quarta-feira (f)	水曜日	suiyōbi
quinta-feira (f)	木曜日	mokuyōbi
sexta-feira (f)	金曜日	kinyōbi
sábado (m)	土曜日	doyōbi
domingo (m)	日曜日	nichiyōbi
hoje	今日	kyō
amanhã	明日	ashita
depois de amanhã	明後日 [あさって]	asatte
ontem	昨日	kinō
anteontem	一昨日 [おととい]	ototoi
dia (m)	日	nichi
dia (m) de trabalho	営業日	eigyōbi
feriado (m)	公休	kōkyū
dia (m) de folga	休み	yasumi
fim (m) de semana	週末	shūmatsu
o dia todo	一日中	ichi nichi chū
no dia seguinte	翌日	yokujitsu
há dois dias	2日前に	futsu ka mae ni
na véspera	その前日に	sono zenjitsu ni
diário	毎日の	mainichi no
todos os dias	毎日	mainichi
semana (f)	週	shū
na semana passada	先週	senshū
na próxima semana	来週	raishū
semanal	毎週の	maishū no
cada semana	毎週	maishū
duas vezes por semana	週に2回	shūni nikai
cada terça-feira	毎週火曜日	maishū kayōbi

18. Horas. Dia e noite

manhã (f)	朝	asa
de manhã	朝に	asa ni
meio-dia (m)	正午	shōgo
à tarde	午後に	gogo ni
noite (f)	夕方	yūgata
à noite (noitinha)	夕方に	yūgata ni
noite (f)	夜	yoru
à noite	夜に	yoru ni
meia-noite (f)	真夜中	mayonaka
segundo (m)	秒	byō
minuto (m)	分	fun, pun
hora (f)	時間	jikan

meia hora (f)	3 0分	san jū fun
quarto (m) de hora	1 5分	jū go fun
quinze minutos	1 5分	jū go fun
vinte e quatro horas	一昼夜	icchūya

nascer (m) do sol	日の出	hinode
amanhecer (m)	夜明け	yoake
madrugada (f)	早朝	sōchō
pôr do sol (m)	夕日	yūhi

de madrugada	早朝に	sōchō ni
hoje de manhã	今朝	kesa
amanhã de manhã	明日の朝	ashita no asa

hoje à tarde	今日の午後	kyō no gogo
à tarde	午後	gogo
amanhã à tarde	明日の午後	ashita no gogo

| hoje à noite | 今夜 | konya |
| amanhã à noite | 明日の夜 | ashita no yoru |

às três horas em ponto	3時ちょうどに	sanji chōdo ni
por volta das quatro	4時頃	yoji goro
às doze	1 2時までに	jūniji made ni

dentro de vinte minutos	2 0分後	nijuppungo
dentro duma hora	一時間後	ichi jikan go
a tempo	予定通りに	yotei dōri ni

menos um quarto	…時1 5分	… ji jyūgo fun
durante uma hora	1 時間で	ichi jikan de
a cada quinze minutos	1 5分ごとに	jyūgo fun goto ni
as vinte e quatro horas	昼も夜も	hiru mo yoru mo

19. Meses. Estações

janeiro (m)	一月	ichigatsu
fevereiro (m)	二月	nigatsu
março (m)	三月	sangatsu
abril (m)	四月	shigatsu
maio (m)	五月	gogatsu
junho (m)	六月	rokugatsu

julho (m)	七月	shichigatsu
agosto (m)	八月	hachigatsu
setembro (m)	九月	kugatsu
outubro (m)	十月	jūgatsu
novembro (m)	十一月	jūichigatsu
dezembro (m)	十二月	jūnigatsu

primavera (f)	春	haru
na primavera	春に	haru ni
primaveril	春の	haru no
verão (m)	夏	natsu

no verão	夏に	natsu ni
de verão	夏の	natsu no
outono (m)	秋	aki
no outono	秋に	aki ni
outonal	秋の	aki no
inverno (m)	冬	fuyu
no inverno	冬に	fuyu ni
de inverno	冬の	fuyu no
mês (m)	月	tsuki
este mês	今月	kongetsu
no próximo mês	来月	raigetsu
no mês passado	先月	sengetsu
há um mês	一ヶ月前	ichi kagetsu mae
dentro de um mês	一ヶ月後	ichi kagetsu go
dentro de dois meses	二ヶ月後	ni kagetsu go
todo o mês	丸一ヶ月	maru ichi kagetsu
um mês inteiro	一ヶ月間ずっと	ichi kagetsu kan zutto
mensal	月刊の	gekkan no
mensalmente	毎月	maitsuki
cada mês	月1回	tsuki ichi kai
duas vezes por mês	月に2回	tsuki ni ni kai
ano (m)	年	nen
este ano	今年	kotoshi
no próximo ano	来年	rainen
no ano passado	去年	kyonen
há um ano	一年前	ichi nen mae
dentro dum ano	一年後	ichi nen go
dentro de 2 anos	二年後	ni nen go
todo o ano	丸一年	maru ichi nen
um ano inteiro	通年	tsūnen
cada ano	毎年	maitoshi
anual	毎年の	maitoshi no
anualmente	年1回	toshi ichi kai
quatro vezes por ano	年に4回	toshi ni yon kai
data (~ de hoje)	日付	hizuke
data (ex. ~ de nascimento)	年月日	nengappi
calendário (m)	カレンダー	karendā
meio ano	半年	hantoshi
seis meses	6ヶ月	roku kagetsu
estação (f)	季節	kisetsu
século (m)	世紀	seiki

20. Tempo. Diversos

tempo (m)	時間	jikan
momento (m)	瞬時	shunji

instante (m)	瞬間	shunkan
instantâneo	瞬時の	shunji no
lapso (m) de tempo	時間の経過	jikan no keika
vida (f)	人生	jinsei
eternidade (f)	永遠	eien

época (f)	世	yo
era (f)	時代	jidai
ciclo (m)	サイクル	saikuru
período (m)	期間	kikan
prazo (m)	期限	kigen

futuro (m)	将来	shōrai
futuro	将来の	shōrai no
da próxima vez	次回に	jikai ni
passado (m)	過去	kako
passado	過去の	kako no
na vez passada	前回	zenkai
mais tarde	後で	atode
depois	…の後に	… no nochi ni
atualmente	今では	ima de wa
agora	今	ima
imediatamente	直ちに	tadachini
em breve, brevemente	もうすぐ	mōsugu
de antemão	前もって	maemotte

há muito tempo	ずっと昔に	zutto mukashi ni
há pouco tempo	最近	saikin
destino (m)	運命	unmei
recordações (f pl)	思い出	omoide
arquivo (m)	公文書	kōbunsho
durante …	間に	aida ni
durante muito tempo	長く	nagaku
pouco tempo	長くない	nagaku nai
cedo (levantar-se ~)	早く	hayaku
tarde (deitar-se ~)	遅くに	osoku ni

para sempre	永遠に	eien ni
começar (vt)	始める	hajimeru
adiar (vt)	延期する	enki suru

simultaneamente	同時に	dōjini
permanentemente	不変に	fuhen ni
constante (ruído, etc.)	絶えず続く	taezu tsuzuku
temporário	一時的な	ichiji teki na

às vezes	時々	tokidoki
raramente	まれに	mare ni
frequentemente	よく	yoku

21. Linhas e formas

| quadrado (m) | 正方形 | seihōkei |
| quadrado | 正方形の | seihōkei no |

círculo (m)	円形	enkei
redondo	円形の	enkei no
triângulo (m)	三角形	sankakkei
triangular	三角形の	sankakkei no

oval (f)	卵形	rankei
oval	卵形の	rankei no
retângulo (m)	長方形	chōhōkei
retangular	長方形の	chōhōkei no

pirâmide (f)	角錐	kakusui
rombo, losango (m)	ひし形	hishigata
trapézio (m)	台形	daikei
cubo (m)	立方体	rippōtai
prisma (m)	角柱	kakuchū

circunferência (f)	円周	enshū
esfera (f)	球	kyū
globo (m)	球体	kyūtai
diâmetro (m)	直径	chokkei
raio (m)	半径	hankei
perímetro (m)	周長	shū chō
centro (m)	中心	chūshin

horizontal	水平の	suihei no
vertical	垂直の	suichoku no
paralela (f)	平行	heikō
paralelo	平行の	heikō no

linha (f)	線	sen
traço (m)	一画	ikkaku
reta (f)	直線	chokusen
curva (f)	曲線	kyokusen
fino (linha ~a)	細い	hosoi
contorno (m)	輪郭	rinkaku

interseção (f)	交点	kōten
ângulo (m) reto	直角	chokkaku
segmento (m)	弓形	kyūkei
setor (m)	扇形	senkei
lado (de um triângulo, etc.)	辺	hen
ângulo (m)	角	kaku

22. Unidades de medida

peso (m)	重さ	omo sa
comprimento (m)	長さ	naga sa
largura (f)	幅	haba
altura (f)	高さ	taka sa
profundidade (f)	深さ	fuka sa
volume (m)	体積	taiseki
área (f)	面積	menseki
grama (m)	グラム	guramu
miligrama (m)	ミリグラム	miriguramu

quilograma (m)	キログラム	kiroguramu
tonelada (f)	トン	ton
libra (453,6 gramas)	ポンド	pondo
onça (f)	オンス	onsu

metro (m)	メートル	mētoru
milímetro (m)	ミリメートル	mirimētoru
centímetro (m)	センチメートル	senchimētoru
quilómetro (m)	キロメートル	kiromētoru
milha (f)	マイル	mairu

polegada (f)	インチ	inchi
pé (304,74 mm)	フィート	fīto
jarda (914,383 mm)	ヤード	yādo

| metro (m) quadrado | 平方メートル | heihō mētoru |
| hectare (m) | ヘクタール | hekutāru |

litro (m)	リットル	rittoru
grau (m)	度	do
volt (m)	ボルト	boruto
ampere (m)	アンペア	anpea
cavalo-vapor (m)	馬力	bariki

quantidade (f)	数量	sūryō
um pouco de ...	少し	sukoshi
metade (f)	半分	hanbun
dúzia (f)	ダース	dāsu
peça (f)	一個	ikko

| dimensão (f) | 大きさ | ōki sa |
| escala (f) | 縮尺 | shukushaku |

mínimo	極小の	kyokushō no
menor, mais pequeno	最小の	saishō no
médio	中位の	chūi no
máximo	極大の	kyokudai no
maior, mais grande	最大の	saidai no

23. Recipientes

boião (m) de vidro	ジャー、瓶	jā, bin
lata (~ de cerveja)	缶	kan
balde (m)	バケツ	baketsu
barril (m)	樽	taru

bacia (~ de plástico)	たらい [盥]	tarai
tanque (m)	タンク	tanku
cantil (m) de bolso	スキットル	sukittoru
bidão (m) de gasolina	ジェリカン	jerikan
cisterna (f)	積荷タンク	tsumini tanku

| caneca (f) | マグカップ | magukappu |
| chávena (f) | カップ | kappu |

pires (m)	ソーサー	sōsā
copo (m)	ガラスのコップ	garasu no koppu
taça (f) de vinho	ワイングラス	wain gurasu
panela, caçarola (f)	両手鍋	ryō tenabe

| garrafa (f) | ボトル | botoru |
| gargalo (m) | ネック | nekku |

jarro, garrafa (f)	デキャンター	dekyanta
jarro (m) de barro	水差し	mizusashi
recipiente (m)	器	utsuwa
pote (m)	鉢	hachi
vaso (m)	花瓶	kabin

frasco (~ de perfume)	瓶	bin
frasquinho (ex. ~ de iodo)	バイアル	bai aru
tubo (~ de pasta dentífrica)	チューブ	chūbu

saca (ex. ~ de açúcar)	南京袋	nankinbukuro
saco (~ de plástico)	袋	fukuro
maço (m)	箱	hako

caixa (~ de sapatos, etc.)	箱	hako
caixa (~ de madeira)	木箱	ki bako
cesta (f)	かご [籠]	kago

24. Materiais

material (m)	材料	zairyō
madeira (f)	木	ki
de madeira	木の	moku no

| vidro (m) | ガラス | garasu |
| de vidro | ガラスの | garasu no |

| pedra (f) | 石 | ishi |
| de pedra | 石の | ishi no |

| plástico (m) | プラスチック | purasuchikku |
| de plástico | プラスチックの | purasuchikku no |

| borracha (f) | ゴム | gomu |
| de borracha | ゴムの | gomu no |

| tecido, pano (m) | 布 | nuno |
| de tecido | 布製の | nunosei no |

| papel (m) | 紙 | kami |
| de papel | 紙の | kami no |

cartão (m)	段ボール	danbōru
de cartão	段ボールの	danbōru no
polietileno (m)	ポリエチレン	poriechiren
celofane (m)	セロファン	serofan

linóleo (m)	リノリウム	rinoriumu
contraplacado (m)	ベニヤ板	beniyaita

porcelana (f)	磁器	jiki
de porcelana	磁器の	jiki no
barro (f)	粘土	nendo
de barro	粘土の	nendo no
cerâmica (f)	セラミック	seramikku
de cerâmica	セラミックの	seramikku no

25. Metais

metal (m)	金属	kinzoku
metálico	金属の	kinzoku no
liga (f)	合金	gōkin

ouro (m)	金	kin
de ouro	金の	kin no
prata (f)	銀	gin
de prata	銀の	gin no

ferro (m)	鉄	tetsu
de ferro	鉄の	tetsu no
aço (m)	鋼鉄	kōtetsu
de aço	鋼鉄の	kōtetsu no
cobre (m)	銅	dō
de cobre	銅の	dō no

alumínio (m)	アルミニウム	aruminyūmu
de alumínio	アルミニウムの	aruminyūmu no
bronze (m)	青銅	seidō
de bronze	青銅の	seidō no

latão (m)	真ちゅう (真鍮)	shinchū
níquel (m)	ニッケル	nikkeru
platina (f)	白金	hakkin
mercúrio (m)	水銀	suigin
estanho (m)	スズ (錫)	suzu
chumbo (m)	鉛	namari
zinco (m)	亜鉛	aen

O SER HUMANO

O ser humano. O corpo

26. Humanos. Conceitos básicos

ser (m) humano	人間	ningen
homem (m)	男性	dansei
mulher (f)	女性	josei
criança (f)	子供	kodomo
menina (f)	女の子	onnanoko
menino (m)	男の子	otokonoko
adolescente (m)	ティーンエージャー	tīnējā
velho (m)	老人	rōjin
velha, anciã (f)	老婦人	rō fujin

27. Anatomia humana

organismo (m)	人体	jintai
coração (m)	心臓	shinzō
sangue (m)	血液	ketsueki
artéria (f)	動脈	dōmyaku
veia (f)	静脈	jōmyaku
cérebro (m)	脳	nō
nervo (m)	神経	shinkei
nervos (m pl)	神経	shinkei
vértebra (f)	椎骨	tsuikotsu
coluna (f) vertebral	背骨	sebone
estômago (m)	胃	i
intestinos (m pl)	腸	chō
intestino (m)	腸	chō
fígado (m)	肝臓	kanzō
rim (m)	腎臓	jinzō
osso (m)	骨	hone
esqueleto (m)	骸骨	gaikotsu
costela (f)	肋骨	rokkotsu
crânio (m)	頭蓋骨	zugaikotsu
músculo (m)	筋肉	kinniku
bíceps (m)	二頭筋	ni tō suji
tríceps (m)	三頭筋	san tō suji
tendão (m)	腱	ken
articulação (f)	関節	kansetsu

pulmões (m pl)	肺	hai
órgãos (m pl) genitais	生殖器	seishoku ki
pele (f)	肌	hada

28. Cabeça

cabeça (f)	頭	atama
cara (f)	顔	kao
nariz (m)	鼻	hana
boca (f)	口	kuchi

olho (m)	眼	me
olhos (m pl)	両眼	ryōgan
pupila (f)	瞳	hitomi
sobrancelha (f)	眉	mayu
pestana (f)	まつげ	matsuge
pálpebra (f)	まぶた	mabuta

língua (f)	舌	shita
dente (m)	歯	ha
lábios (m pl)	唇	kuchibiru
maçãs (f pl) do rosto	頬骨	hōbone
gengiva (f)	歯茎	haguki
palato (m)	口蓋	kōgai

narinas (f pl)	鼻孔	bikō
queixo (m)	あご（顎）	ago
mandíbula (f)	顎	ago
bochecha (f)	頬	hō

testa (f)	額	hitai
têmpora (f)	こめかみ	komekami
orelha (f)	耳	mimi
nuca (f)	後頭部	kōtōbu
pescoço (m)	首	kubi
garganta (f)	喉	nodo

cabelos (m pl)	髪の毛	kaminoke
penteado (m)	髪形	kamigata
corte (m) de cabelo	髪型	kamigata
peruca (f)	かつら	katsura

bigode (m)	口ひげ	kuchihige
barba (f)	あごひげ	agohige
usar, ter (~ barba, etc.)	生やしている	hayashi te iru
trança (f)	三つ編み	mitsu ami
suíças (f pl)	もみあげ	momiage

ruivo	赤毛の	akage no
grisalho	白髪の	hakuhatsu no
calvo	はげ頭の	hageatama no
calva (f)	はげた部分	hage ta bubun
rabo-de-cavalo (m)	ポニーテール	ponītēru
franja (f)	前髪	maegami

29. Corpo humano

| mão (f) | 手 | te |
| braço (m) | 腕 | ude |

dedo (m)	指	yubi
dedo (m) do pé	つま先	tsumasaki
polegar (m)	親指	oyayubi
dedo (m) mindinho	小指	koyubi
unha (f)	爪	tsume

punho (m)	拳	kobushi
palma (f) da mão	手のひら	tenohira
pulso (m)	手首	tekubi
antebraço (m)	前腕	zen wan
cotovelo (m)	肘	hiji
ombro (m)	肩	kata

perna (f)	足 [脚]	ashi
pé (m)	足	ashi
joelho (m)	膝	hiza
barriga (f) da perna	ふくらはぎ	fuku ra hagi
anca (f)	腰	koshi
calcanhar (m)	かかと [踵]	kakato

corpo (m)	身体	shintai
barriga (f)	腹	hara
peito (m)	胸	mune
seio (m)	乳房	chibusa
lado (m)	脇腹	wakibara
costas (f pl)	背中	senaka
região (f) lombar	腰背部	yōwa ibu
cintura (f)	腰	koshi

umbigo (m)	へそ [臍]	heso
nádegas (f pl)	臀部	denbu
traseiro (m)	尻	shiri

sinal (m)	美人ぼくろ	bijinbokuro
sinal (m) de nascença	母斑	bohan
tatuagem (f)	タトゥー	tatū
cicatriz (f)	傷跡	kizuato

Vestuário & Acessórios

30. Roupa exterior. Casacos

roupa (f)	洋服	yōfuku
roupa (f) exterior	上着	uwagi
roupa (f) de inverno	冬服	fuyu fuku
sobretudo (m)	オーバーコート	ōbā kōto
casaco (m) de peles	毛皮のコート	kegawa no kōto
casaco curto (m) de peles	毛皮のジャケット	kegawa no jaketto
casaco (m) acolchoado	ダウンコート	daun kōto
casaco, blusão (m)	ジャケット	jaketto
impermeável (m)	レインコート	reinkōto
impermeável	防水の	bōsui no

31. Vestuário de homem & mulher

camisa (f)	ワイシャツ	waishatsu
calças (f pl)	ズボン	zubon
calças (f pl) de ganga	ジーンズ	jīnzu
casaco (m) de fato	ジャケット	jaketto
fato (m)	背広	sebiro
vestido (ex. ~ vermelho)	ドレス	doresu
saia (f)	スカート	sukāto
blusa (f)	ブラウス	burausu
casaco (m) de malha	ニットジャケット	nitto jaketto
casaco, blazer (m)	ジャケット	jaketto
T-shirt, camiseta (f)	Tシャツ	tīshatsu
calções (Bermudas, etc.)	半ズボン	han zubon
fato (m) de treino	トラックスーツ	torakku sūtsu
roupão (m) de banho	バスローブ	basurōbu
pijama (m)	パジャマ	pajama
suéter (m)	セーター	sētā
pulôver (m)	プルオーバー	puruōbā
colete (m)	ベスト	besuto
fraque (m)	燕尾服	enbifuku
smoking (m)	タキシード	takishīdo
uniforme (m)	制服	seifuku
roupa (f) de trabalho	作業服	sagyō fuku
fato-macaco (m)	オーバーオール	ōbā ōru
bata (~ branca, etc.)	コート	kōto

32. Vestuário. Roupa interior

roupa (f) interior	下着	shitagi
cuecas boxer (f pl)	ボクサーパンツ	bokusā pantsu
cuecas (f pl)	パンティー	pantī
camisola (f) interior	タンクトップ	tanku toppu
peúgas (f pl)	靴下	kutsushita
camisa (f) de noite	ネグリジェ	negurije
sutiã (m)	ブラジャー	burajā
meias longas (f pl)	ニーソックス	nīsokkusu
meia-calça (f)	パンティストッキング	pantī sutokkingu
meias (f pl)	ストッキング	sutokkingu
fato (m) de banho	水着	mizugi

33. Adereços de cabeça

chapéu (m)	帽子	bōshi
chapéu (m) de feltro	フェドーラ帽	fedōra bō
boné (m) de beisebol	野球帽	yakyū bō
boné (m)	ハンチング帽	hanchingu bō
boina (f)	ベレー帽	berē bō
capuz (m)	フード	fūdo
panamá (m)	パナマ帽	panama bō
gorro (m) de malha	ニット帽	nitto bō
lenço (m)	ヘッドスカーフ	heddo sukāfu
chapéu (m) de mulher	婦人帽子	fujin bōshi
capacete (m) de proteção	安全ヘルメット	anzen herumetto
bibico (m)	略帽	rya ku bō
capacete (m)	ヘルメット	herumetto
chapéu-coco (m)	山高帽	yamataka bō
chapéu (m) alto	シルクハット	shiruku hatto

34. Calçado

calçado (m)	靴	kutsu
botinas (f pl)	アンクルブーツ	ankuru būtsu
sapatos (de salto alto, etc.)	パンプス	panpusu
botas (f pl)	ブーツ	būtsu
pantufas (f pl)	スリッパ	surippa
ténis (m pl)	テニスシューズ	tenisu shūzu
sapatilhas (f pl)	スニーカー	sunīkā
sandálias (f pl)	サンダル	sandaru
sapateiro (m)	靴修理屋	kutsu shūri ya
salto (m)	かかと [踵]	kakato

par (m)	靴一足	kutsu issoku
atacador (m)	靴ひも	kutsu himo
apertar os atacadores	靴ひもを結ぶ	kutsu himo wo musubu
calçadeira (f)	靴べら	kutsubera
graxa (f) para calçado	靴クリーム	kutsu kurīmu

35. Têxtil. Tecidos

algodão (m)	絹	men
de algodão	絹の	men no
linho (m)	亜麻	ama
de linho	亜麻の	ama no

seda (f)	絹	kinu
de seda	絹の	kinu no
lã (f)	羊毛	yōmō
de lã	羊毛の	yōmō no

veludo (m)	ピロード	birōdo
camurça (f)	スエード	suēdo
bombazina (f)	コーデュロイ	kōdyuroi

náilon (m)	ナイロン	nairon
de náilon	ナイロンの	nairon no
poliéster (m)	ポリエステル	poriesuteru
de poliéster	ポリエステルの	poriesuteru no

couro (m)	革	kawa
de couro	革の	kawa no
pele (f)	毛皮	kegawa
de peles, de pele	毛皮の	kegawa no

36. Acessórios pessoais

luvas (f pl)	手袋	tebukuro
mitenes (f pl)	ミトン	miton
cachecol (m)	マフラー	mafurā

óculos (m pl)	めがね [眼鏡]	megane
armação (f) de óculos	めがねのふち	megane no fuchi
guarda-chuva (m)	傘	kasa
bengala (f)	杖	tsue
escova (f) para o cabelo	ヘアブラシ	hea burashi
leque (m)	扇子	sensu

gravata (f)	ネクタイ	nekutai
gravata-borboleta (f)	蝶ネクタイ	chō nekutai
suspensórios (m pl)	サスペンダー	sasupendā
lenço (m)	ハンカチ	hankachi

| pente (m) | くし [櫛] | kushi |
| travessão (m) | 髪留め | kami tome |

gancho (m) de cabelo	ヘアピン	hea pin
fivela (f)	バックル	bakkuru
cinto (m)	ベルト	beruto
correia (f)	ショルダーベルト	shorudā beruto
mala (f)	バッグ	baggu
mala (f) de senhora	ハンドバッグ	hando baggu
mochila (f)	バックパック	bakku pakku

37. Vestuário. Diversos

moda (f)	ファッション	fasshon
na moda	流行の	ryūkō no
estilista (m)	ファッションデザイナー	fasshon dezainā
colarinho (m), gola (f)	襟	eri
bolso (m)	ポケット	poketto
de bolso	ポケットの	poketto no
manga (f)	袖	sode
alcinha (f)	ハンガーループ	hangā rūpu
braguilha (f)	ズボンのファスナー	zubon no fasunā
fecho (m) de correr	チャック	chakku
fecho (m), colchete (m)	ファスナー	fasunā
botão (m)	ボタン	botan
casa (f) de botão	ボタンの穴	botan no ana
soltar-se (vr)	取れる	toreru
coser, costurar (vi)	縫う	nū
bordar (vt)	刺繍する	shishū suru
bordado (m)	刺繍	shishū
agulha (f)	縫い針	nui bari
fio (m)	糸	ito
costura (f)	縫い目	nuime
sujar-se (vr)	汚れる	yogoreru
mancha (f)	染み	shimi
engelhar-se (vr)	しわになる	shiwa ni naru
rasgar (vt)	引き裂く	hikisaku
traça (f)	コイガ	koi ga

38. Cuidados pessoais. Cosméticos

pasta (f) de dentes	歯磨き粉	hamigakiko
escova (f) de dentes	歯ブラシ	haburashi
escovar os dentes	歯を磨く	ha wo migaku
máquina (f) de barbear	カミソリ［剃刀］	kamisori
creme (m) de barbear	シェービングクリーム	shēbingu kurīmu
barbear-se (vr)	ひげを剃る	hige wo soru
sabonete (m)	せっけん［石鹸］	sekken

champô (m)	シャンプー	shanpū
tesoura (f)	はさみ	hasami
lima (f) de unhas	爪やすり	tsume yasuri
corta-unhas (m)	爪切り	tsume giri
pinça (f)	ピンセット	pinsetto

cosméticos (m pl)	化粧品	keshō hin
máscara (f) facial	フェイスパック	feisu pakku
manicura (f)	マニキュア	manikyua
fazer a manicura	マニキュアをしてもらう	manikyua wo shi te morau
pedicure (f)	ペディキュア	pedikyua

mala (f) de maquilhagem	化粧ポーチ	keshō pōchi
pó (m)	フェイスパウダー	feisu pauda
caixa (f) de pó	ファンデーション	fandēshon
blush (m)	チーク	chīku

perfume (m)	香水	kōsui
água (f) de toilette	オードトワレ	ōdotoware
loção (f)	ローション	rō shon
água-de-colónia (f)	オーデコロン	ōdekoron

sombra (f) de olhos	アイシャドウ	aishadō
lápis (m) delineador	アイライナー	airainā
máscara (f), rímel (m)	マスカラ	masukara

batom (m)	口紅	kuchibeni
verniz (m) de unhas	ネイルポリッシュ	neiru porisshu
laca (f) para cabelos	ヘアスプレー	hea supurē
desodorizante (m)	デオドラント	deodoranto

creme (m)	クリーム	kurīmu
creme (m) de rosto	フェイスクリーム	feisu kurīmu
creme (m) de mãos	ハンドクリーム	hando kurīmu
creme (m) antirrugas	しわ取りクリーム	shiwa tori kurīmu
creme (m) de dia	昼用クリーム	hiruyō kurīmu
creme (m) de noite	夜用クリーム	yoruyō kurīmu
de dia	昼用…	hiruyō …
da noite	夜用…	yoruyō …

tampão (m)	タンポン	tanpon
papel (m) higiénico	トイレットペーパー	toiretto pēpā
secador (m) elétrico	ヘアドライヤー	hea doraiyā

39. Joalheria

joias (f pl)	宝石類	hōseki rui
precioso	宝…	hō …
marca (f) de contraste	ホールマーク	hŌrumaku

anel (m)	指輪	yubiwa
aliança (f)	結婚指輪	kekkon yubiwa
pulseira (f)	腕輪	udewa
brincos (m pl)	イヤリング	iyaringu

colar (m)	ネックレス	nekkuresu
coroa (f)	王冠	ōkan
colar (m) de contas	ビーズネックレス	bīzu nekkuresu

diamante (m)	ダイヤモンド	daiyamondo
esmeralda (f)	エメラルド	emerarudo
rubi (m)	ルビー	rubī
safira (f)	サファイア	safaia
pérola (f)	真珠	shinju
âmbar (m)	琥珀	kohaku

40. Relógios de pulso. Relógios

relógio (m) de pulso	時計	tokei
mostrador (m)	ダイヤル	daiyaru
ponteiro (m)	針	hari
bracelete (f) em aço	金属ベルト	kinzoku beruto
bracelete (f) em couro	腕時計バンド	udedokei bando

pilha (f)	電池	denchi
descarregar-se	切れる	kireru
trocar a pilha	電池を交換する	denchi wo kōkan suru
estar adiantado	進んでいる	susundeiru
estar atrasado	遅れている	okureteiru

relógio (m) de parede	掛け時計	kakedokei
ampulheta (f)	砂時計	sunadokei
relógio (m) de sol	日時計	hidokei
despertador (m)	目覚まし時計	mezamashi dokei
relojoeiro (m)	時計職人	tokei shokunin
reparar (vt)	修理する	shūri suru

Alimentação. Nutrição

41. Comida

carne (f)	肉	niku
galinha (f)	鶏	niwatori
frango (m)	若鶏	wakadori
pato (m)	ダック	dakku
ganso (m)	ガチョウ	gachō
caça (f)	獲物	emono
peru (m)	七面鳥	shichimenchuō
carne (f) de porco	豚肉	buta niku
carne (f) de vitela	子牛肉	kōshi niku
carne (f) de carneiro	子羊肉	kohitsuji niku
carne (f) de vaca	牛肉	gyū niku
carne (f) de coelho	兎肉	usagi niku
chouriço, salsichão (m)	ソーセージ	sōsēji
salsicha (f)	ソーセージ	sōsēji
bacon (m)	ベーコン	bēkon
fiambre (f)	ハム	hamu
presunto (m)	ガモン	gamon
patê (m)	パテ	pate
fígado (m)	レバー	rebā
carne (f) moída	挽肉	hikiniku
língua (f)	タン	tan
ovo (m)	卵	tamago
ovos (m pl)	卵	tamago
clara (f) do ovo	卵の白身	tamago no shiromi
gema (f) do ovo	卵の黄身	tamago no kimi
peixe (m)	魚	sakana
mariscos (m pl)	魚介	gyokai
caviar (m)	キャビア	kyabia
caranguejo (m)	カニ [蟹]	kani
camarão (m)	エビ	ebi
ostra (f)	カキ [牡蠣]	kaki
lagosta (f)	伊勢エビ	ise ebi
polvo (m)	タコ	tako
lula (f)	イカ	ika
esturjão (m)	チョウザメ	chōzame
salmão (m)	サケ [鮭]	sake
halibute (m)	ハリバット	haribatto
bacalhau (m)	タラ [鱈]	tara
cavala, sarda (f)	サバ [鯖]	saba

| atum (m) | マグロ [鮪] | maguro |
| enguia (f) | ウナギ [鰻] | unagi |

truta (f)	マス [鱒]	masu
sardinha (f)	イワシ	iwashi
lúcio (m)	カワカマス	kawakamasu
arenque (m)	ニシン	nishin

pão (m)	パン	pan
queijo (m)	チーズ	chīzu
açúcar (m)	砂糖	satō
sal (m)	塩	shio

arroz (m)	米	kome
massas (f pl)	パスタ	pasuta
talharim (m)	麺	men

manteiga (f)	バター	batā
óleo (m) vegetal	植物油	shokubutsu yu
óleo (m) de girassol	ひまわり油	himawari yu
margarina (f)	マーガリン	māgarin

| azeitonas (f pl) | オリーブ | orību |
| azeite (m) | オリーブ油 | orību yu |

leite (m)	乳、ミルク	nyū, miruku
leite (m) condensado	練乳	rennyū
iogurte (m)	ヨーグルト	yōguruto
nata (f) azeda	サワークリーム	sawā kurīmu
nata (f) do leite	クリーム	kurīmu

| maionese (f) | マヨネーズ | mayonēzu |
| creme (m) | バタークリーム | batā kurīmu |

grãos (m pl) de cereais	穀物	kokumotsu
farinha (f)	小麦粉	komugiko
enlatados (m pl)	缶詰	kanzume

flocos (m pl) de milho	コーンフレーク	kōn furēku
mel (m)	蜂蜜	hachimitsu
doce (m)	ジャム	jamu
pastilha (f) elástica	チューインガム	chūin gamu

42. Bebidas

água (f)	水	mizu
água (f) potável	飲用水	inyō sui
água (f) mineral	ミネラルウォーター	mineraru wōtā

sem gás	無炭酸の	mu tansan no
gaseificada	炭酸の	tansan no
com gás	発泡性の	happō sei no
gelo (m)	氷	kōri
com gelo	氷入りの	kōri iri no

sem álcool	ノンアルコールの	non arukŌru no
bebida (f) sem álcool	炭酸飲料	tansan inryō
refresco (m)	清涼飲料水	seiryōinryōsui
limonada (f)	レモネード	remonēdo
bebidas (f pl) alcoólicas	アルコール	arukōru
vinho (m)	ワイン	wain
vinho (m) branco	白ワイン	shiro wain
vinho (m) tinto	赤ワイン	aka wain
licor (m)	リキュール	rikyūru
champanhe (m)	シャンパン	shanpan
vermute (m)	ベルモット	berumotto
uísque (m)	ウイスキー	uisukī
vodka (f)	ウォッカ	wokka
gim (m)	ジン	jin
conhaque (m)	コニャック	konyakku
rum (m)	ラム酒	ramu shu
café (m)	コーヒー	kōhī
café (m) puro	ブラックコーヒー	burakku kōhī
café (m) com leite	ミルク入りコーヒー	miruku iri kōhī
cappuccino (m)	カプチーノ	kapuchīno
café (m) solúvel	インスタントコーヒー	insutanto kōhī
leite (m)	乳、ミルク	nyū, miruku
coquetel (m)	カクテル	kakuteru
batido (m) de leite	ミルクセーキ	miruku sēki
sumo (m)	ジュース	jūsu
sumo (m) de tomate	トマトジュース	tomato jūsu
sumo (m) de laranja	オレンジジュース	orenji jūsu
sumo (m) fresco	搾りたてのジュース	shibori tate no jūsu
cerveja (f)	ビール	bīru
cerveja (f) clara	ライトビール	raito bīru
cerveja (f) preta	黒ビール	kuro bīru
chá (m)	茶	cha
chá (m) preto	紅茶	kō cha
chá (m) verde	緑茶	ryoku cha

43. Vegetais

legumes (m pl)	野菜	yasai
verduras (f pl)	青物	aomono
tomate (m)	トマト	tomato
pepino (m)	きゅうり [胡瓜]	kyūri
cenoura (f)	ニンジン [人参]	ninjin
batata (f)	ジャガイモ	jagaimo
cebola (f)	たまねぎ [玉葱]	tamanegi
alho (m)	ニンニク	ninniku

45

couve (f)	キャベツ	kyabetsu
couve-flor (f)	カリフラワー	karifurawā
couve-de-bruxelas (f)	メキャベツ	mekyabetsu
brócolos (m pl)	ブロッコリー	burokkorī
beterraba (f)	テーブルビート	tēburu bīto
beringela (f)	ナス	nasu
curgete (f)	ズッキーニ	zukkīni
abóbora (f)	カボチャ	kabocha
nabo (m)	カブ	kabu
salsa (f)	パセリ	paseri
funcho, endro (m)	ディル	diru
alface (f)	レタス	retasu
aipo (m)	セロリ	serori
espargo (m)	アスパラガス	asuparagasu
espinafre (m)	ホウレンソウ	hōrensō
ervilha (f)	エンドウ	endō
fava (f)	豆類	mamerui
milho (m)	トウモロコシ	tōmorokoshi
feijão (m)	金時豆	kintoki mame
pimentão (m)	コショウ	koshō
rabanete (m)	ハツカダイコン	hatsukadaikon
alcachofra (f)	アーティチョーク	ātichōku

44. Frutos. Nozes

fruta (f)	果物	kudamono
maçã (f)	リンゴ	ringo
pera (f)	洋梨	yōnashi
limão (m)	レモン	remon
laranja (f)	オレンジ	orenji
morango (m)	イチゴ（苺）	ichigo
tangerina (f)	マンダリン	mandarin
ameixa (f)	プラム	puramu
pêssego (m)	モモ ［桃］	momo
damasco (m)	アンズ ［杏子］	anzu
framboesa (f)	ラズベリー（木苺）	razuberī
ananás (m)	パイナップル	painappuru
banana (f)	バナナ	banana
melancia (f)	スイカ	suika
uva (f)	ブドウ ［葡萄］	budō
ginja, cereja (f)	チェリー	cherī
ginja (f)	サワー チェリー	sawā cherī
cereja (f)	スイート チェリー	suīto cherī
meloa (f)	メロン	meron
toranja (f)	グレープフルーツ	gurēbu furūtsu
abacate (m)	アボカド	abokado
papaia (f)	パパイヤ	papaiya

| manga (f) | マンゴー | mangō |
| romã (f) | ザクロ | zakuro |

groselha (f) vermelha	フサスグリ	fusa suguri
groselha (f) preta	クロスグリ	kuro suguri
groselha (f) espinhosa	セイヨウスグリ	seiyō suguri
mirtilo (m)	ビルベリー	biruberī
amora silvestre (f)	ブラックベリー	burakku berī

uvas (f pl) passas	レーズン	rēzun
figo (m)	イチジク	ichijiku
tâmara (f)	デーツ	dētsu

amendoim (m)	ピーナッツ	pīnattsu
amêndoa (f)	アーモンド	āmondo
noz (f)	クルミ (胡桃)	kurumi
avelã (f)	ヘーゼルナッツ	hēzeru nattsu
coco (m)	ココナッツ	koko nattsu
pistáchios (m pl)	ピスタチオ	pisutachio

45. Pão. Bolaria

pastelaria (f)	菓子類	kashi rui
pão (m)	パン	pan
bolacha (f)	クッキー	kukkī

chocolate (m)	チョコレート	chokorēto
de chocolate	チョコレートの	chokorēto no
rebuçado (m)	キャンディー	kyandī
bolo (cupcake, etc.)	ケーキ	kēki
bolo (m) de aniversário	ケーキ	kēki

| tarte (~ de maçã) | パイ | pai |
| recheio (m) | フィリング | firingu |

doce (m)	ジャム	jamu
geleia (f) de frutas	マーマレード	māmarēdo
waffle (m)	ワッフル	waffuru
gelado (m)	アイスクリーム	aisukurīmu
pudim (m)	プディング	pudingu

46. Pratos cozinhados

prato (m)	料理	ryōri
cozinha (~ portuguesa)	料理	ryōri
receita (f)	レシピ	reshipi
porção (f)	一人前	ichi ninmae

salada (f)	サラダ	sarada
sopa (f)	スープ	sūpu
caldo (m)	ブイヨン	buiyon
sandes (f)	サンドイッチ	sandoicchi

ovos (m pl) estrelados	目玉焼き	medamayaki
hambúrguer (m)	ハンバーガー	hanbāgā
bife (m)	ビーフステーキ	bīfusutēki

conduto (m)	付け合わせ	tsukeawase
espaguete (m)	スパゲッティ	supagetti
puré (m) de batata	マッシュポテト	masshupoteto
pizza (f)	ピザ	piza
papa (f)	ポリッジ	porijji
omelete (f)	オムレツ	omuretsu

cozido em água	煮た	ni ta
fumado	薫製の	kunsei no
frito	揚げた	age ta
seco	干した	hoshi ta
congelado	冷凍の	reitō no
em conserva	酢漬けの	suzuke no

doce (açucarado)	甘い	amai
salgado	塩味の	shioaji no
frio	冷たい	tsumetai
quente	熱い	atsui
amargo	苦い	nigai
gostoso	美味しい	oishī

cozinhar (em água a ferver)	水で煮る	mizu de niru
fazer, preparar (vt)	料理をする	ryōri wo suru
fritar (vt)	揚げる	ageru
aquecer (vt)	温める	atatameru

salgar (vt)	塩をかける	shio wo kakeru
apimentar (vt)	コショウをかける	koshō wo kakeru
ralar (vt)	すりおろす	suri orosu
casca (f)	皮	kawa
descascar (vt)	皮をむく	kawa wo muku

47. Especiarias

sal (m)	塩	shio
salgado	塩味の	shioaji no
salgar (vt)	塩をかける	shio wo kakeru

pimenta (f) preta	黒コショウ	kuro koshō
pimenta (f) vermelha	赤唐辛子	aka tōgarashi
mostarda (f)	マスタード	masutādo
raiz-forte (f)	セイヨウワサビ	seiyō wasabi

condimento (m)	調味料	chōmiryō
especiaria (f)	香辛料	kōshinryō
molho (m)	ソース	sōsu
vinagre (m)	酢、ビネガー	su, binegā

| anis (m) | アニス | anisu |
| manjericão (m) | バジル | bajiru |

cravo (m)	クローブ	kurōbu
gengibre (m)	生姜、ジンジャー	shōga, jinjā
coentro (m)	コリアンダー	koriandā
canela (f)	シナモン	shinamon

sésamo (m)	ゴマ [胡麻]	goma
folhas (f pl) de louro	ローリエ	rōrie
páprica (f)	パプリカ	papurika
cominho (m)	キャラウェイ	kyarawei
açafrão (m)	サフラン	safuran

48. Refeições

| comida (f) | 食べ物 | tabemono |
| comer (vt) | 食べる | taberu |

pequeno-almoço (m)	朝食	chōshoku
tomar o pequeno-almoço	朝食をとる	chōshoku wo toru
almoço (m)	昼食	chūshoku
almoçar (vi)	昼食をとる	chūshoku wo toru
jantar (m)	夕食	yūshoku
jantar (vi)	夕食をとる	yūshoku wo toru

| apetite (m) | 食欲 | shokuyoku |
| Bom apetite! | どうぞお召し上がり下さい！ | dōzo o meshiagarikudasai! |

abrir (~ uma lata, etc.)	開ける	akeru
derramar (vt)	こぼす	kobosu
derramar-se (vr)	こぼれる	koboreru

ferver (vi)	沸く	waku
ferver (vt)	沸かす	wakasu
fervido	沸騰させた	futtō sase ta

| arrefecer (vt) | 冷やす | hiyasu |
| arrefecer-se (vr) | 冷える | hieru |

| sabor, gosto (m) | 味 | aji |
| gostinho (m) | 後味 | atoaji |

fazer dieta	ダイエットをする	daietto wo suru
dieta (f)	ダイエット	daietto
vitamina (f)	ビタミン	bitamin
caloria (f)	カロリー	karorī

| vegetariano (m) | ベジタリアン | bejitarian |
| vegetariano | ベジタリアン用の | bejitarian yōno |

gorduras (f pl)	脂肪	shibō
proteínas (f pl)	タンパク質 [蛋白質]	tanpaku shitsu
carboidratos (m pl)	炭水化物	tansuikabutsu
fatia (~ de limão, etc.)	スライス	suraisu
pedaço (~ de bolo)	一切れ	ichi kire
migalha (f)	くず	kuzu

49. Por a mesa

colher (f)	スプーン	supūn
faca (f)	ナイフ	naifu
garfo (m)	フォーク	fōku

chávena (f)	カップ	kappu
prato (m)	皿	sara
pires (m)	ソーサー	sōsā
guardanapo (m)	ナフキン	nafukin
palito (m)	つまようじ［爪楊枝］	tsumayōji

50. Restaurante

restaurante (m)	レストラン	resutoran
café (m)	喫茶店	kissaten
bar (m), cervejaria (f)	パブ、バー	pabu, bā
salão (m) de chá	喫茶店	kissaten

empregado (m) de mesa	ウェイター	weitā
empregada (f) de mesa	ウェートレス	wētoresu
barman (m)	バーテンダー	bātendā

ementa (f)	メニュー	menyū
lista (f) de vinhos	ワインリスト	wain risuto
reservar uma mesa	テーブルを予約する	tēburu wo yoyaku suru

prato (m)	料理	ryōri
pedir (vt)	注文する	chūmon suru
fazer o pedido	注文する	chūmon suru

aperitivo (m)	アペリティフ	aperitifu
entrada (f)	前菜	zensai
sobremesa (f)	デザート	dezāto

conta (f)	お勘定	okanjō
pagar a conta	勘定を払う	kanjō wo harau
dar o troco	釣り銭を渡す	tsurisen wo watasu
gorjeta (f)	チップ	chippu

Família, parentes e amigos

51. Informação pessoal. Formulários

nome (m)	名前	namae
apelido (m)	姓	sei
data (f) de nascimento	誕生日	tanjō bi
local (m) de nascimento	出生地	shusseichi
nacionalidade (f)	国籍	kokuseki
lugar (m) de residência	住所	jūsho
país (m)	国	kuni
profissão (f)	職業	shokugyō
sexo (m)	性	sei
estatura (f)	身長	shinchō
peso (m)	体重	taijū

52. Membros da família. Parentes

mãe (f)	母親	hahaoya
pai (m)	父親	chichioya
filho (m)	息子	musuko
filha (f)	娘	musume
filha (f) mais nova	下の娘	shitano musume
filho (m) mais novo	下の息子	shitano musuko
filha (f) mais velha	長女	chōjo
filho (m) mais velho	長男	chōnan
irmão (m)	兄、弟、兄弟	ani, otōto, kyoōdai
irmão (m) mais velho	兄	ani
irmão (m) mais novo	弟	otōto
irmã (f)	姉、妹、姉妹	ane, imōto, shimai
irmã (f) mais velha	姉	ane
irmã (f) mais nova	妹	imōto
primo (m)	従兄弟	itoko
prima (f)	従姉妹	itoko
mamã (f)	お母さん	okāsan
papá (m)	お父さん	otōsan
pais (pl)	親	oya
criança (f)	子供	kodomo
crianças (f pl)	子供	kodomo
avó (f)	祖母	sobo
avô (m)	祖父	sofu
neto (m)	孫息子	mago musuko

| neta (f) | 孫娘 | mago musume |
| netos (pl) | 孫 | mago |

tio (m)	伯父	oji
tia (f)	伯母	oba
sobrinho (m)	甥	oi
sobrinha (f)	姪	mei

sogra (f)	妻の母親	tsuma no hahaoya
sogro (m)	義父	gifu
genro (m)	娘の夫	musume no otto
madrasta (f)	継母	keibo
padrasto (m)	継父	keifu

criança (f) de colo	乳児	nyūji
bebé (m)	赤ん坊	akanbō
menino (m)	子供	kodomo

mulher (f)	妻	tsuma
marido (m)	夫	otto
esposo (m)	配偶者	haigū sha
esposa (f)	配偶者	haigū sha

casado	既婚の	kikon no
casada	既婚の	kikon no
solteiro	独身の	dokushin no
solteirão (m)	独身男性	dokushin dansei
divorciado	離婚した	rikon shi ta
viúva (f)	未亡人	mibōjin
viúvo (m)	男やもめ	otokoyamome

parente (m)	親戚	shinseki
parente (m) próximo	近い親戚	chikai shinseki
parente (m) distante	遠い親戚	tōi shinseki
parentes (m pl)	親族	shinzoku

órfão (m), órfã (f)	孤児	koji
tutor (m)	後見人	kōkennin
adotar (um filho)	養子にする	yōshi ni suru
adotar (uma filha)	養女にする	yōjo ni suru

53. Amigos. Colegas de trabalho

amigo (m)	友達	tomodachi
amiga (f)	友達	tomodachi
amizade (f)	友情	yūjō
ser amigos	友達だ	tomodachi da

amigo (m)	友達	tomodachi
amiga (f)	女友達	onna tomodachi
parceiro (m)	パートナー	pātonā

| chefe (m) | 長 | chō |
| superior (m) | 上司、上役 | jōshi, uwayaku |

proprietário (m)	経営者	keieisha
subordinado (m)	部下	buka
colega (m)	同僚	dōryō

conhecido (m)	知り合い	shiriai
companheiro (m) de viagem	同調者	dōchō sha
colega (m) de classe	クラスメート	kurasumēto

vizinho (m)	隣人、近所	rinjin, kinjo
vizinha (f)	隣人、近所	rinjin, kinjo
vizinhos (pl)	隣人	rinjin

54. Homem. Mulher

mulher (f)	女性	josei
rapariga (f)	少女	shōjo
noiva (f)	花嫁	hanayome

bonita	美しい	utsukushī
alta	背が高い	se ga takai
esbelta	ほっそりした	hossori shi ta
de estatura média	背が低い	se ga hikui

| loura (f) | 金髪の女性 | kinpatsu no josei |
| morena (f) | 黒髪の女性 | kurokami no josei |

de senhora	婦人…	fujin …
virgem (f)	処女	shojo
grávida	妊娠している	ninshin shi te iru

homem (m)	男性	dansei
louro (m)	金髪の男性	kinpatsu no dansei
moreno (m)	黒髪の男性	kurokami no dansei
alto	背が高い	se ga takai
de estatura média	背が低い	se ga hikui

rude	失礼な	shitsurei na
atarracado	がっしりした	gasshiri shi ta
robusto	たくましい	takumashī
forte	強い	tsuyoi
força (f)	体力	tairyoku

gordo	太った	futotta
moreno	小麦肌の	komugi hada no
esbelto	マッチョの	maccho no
elegante	上品な	jōhin na

55. Idade

idade (f)	年齢	nenrei
juventude (f)	若さ	waka sa
jovem	若い	wakai

| mais novo | ···より年下の | ... yori toshishita no |
| mais velho | ···より年上の | ... yori toshiue no |

jovem (m)	若者	wakamono
adolescente (m)	ティーンエージャー	tīnējā
rapaz (m)	仲間	nakama

| velho (m) | 老人 | rōjin |
| velhota (f) | 老婦人 | rō fujin |

adulto	大人	otona
de meia-idade	中年の	chūnen no
idoso, de idade	年配の	nenpai no
velho	老いた	oi ta

reforma (f)	退職	taishoku
reformar-se (vr)	退職する	taishoku suru
reformado (m)	退職者	taishoku sha

56. Crianças

criança (f)	子供	kodomo
crianças (f pl)	子供	kodomo
gémeos (m pl)	双子	futago

berço (m)	揺り籠	yurikago
guizo (m)	ガラガラ	garagara
fralda (f)	おしめ	oshime

chupeta (f)	おしゃぶり	oshaburi
carrinho (m) de bebé	乳母車	ubaguruma
jardim (m) de infância	幼稚園	yōchien
babysitter (f)	ベビーシッター	bebīshittā

infância (f)	幼少期	yōshō ki
boneca (f)	人形	ningyō
brinquedo (m)	玩具	omocha
jogo (m) de armar	組み立ておもちゃ	kumitate omocha

bem-educado	育ちの良い	sodachi no yoi
mal-educado	育ちの悪い	sodachi no warui
mimado	甘やかされた	amayakasare ta

ser travesso	悪戯をする	itazura wo suru
travesso, traquinas	悪戯好きな	itazura zuki na
travessura (f)	悪戯	itazura
criança (f) travessa	悪戯っ子	itazurakko

| obediente | 従順な | jūjun na |
| desobediente | 反抗的な | hankō teki na |

dócil	大人しい	otonashī
inteligente	利口な	rikō na
menino (m) prodígio	神童	shindō

57. Casais. Vida de família

beijar (vt)	キスする	kisu suru
beijar-se (vr)	キスする	kisu suru
família (f)	家族	kazoku
familiar	家族の	kazoku no
casal (m)	夫婦	fūfu
matrimónio (m)	結婚	kekkon
lar (m)	家庭	katei
dinastia (f)	王朝	ōchō

encontro (m)	デート	dēto
beijo (m)	キス	kisu

amor (m)	愛	ai
amar (vt)	愛する	aisuru
amado, querido	愛しい	itoshī

ternura (f)	優しさ	yasashi sa
terno, afetuoso	優しい	yasashī
fidelidade (f)	貞節	teisetsu
fiel	貞節な	teisetsu na
cuidado (m)	世話	sewa
carinhoso	世話好きな	sewa zuki na

recém-casados (m pl)	新婚夫婦	shinkon fūfu
lua de mel (f)	ハネムーン	hanemūn
casar-se (com um homem)	結婚する	kekkon suru
casar-se (com uma mulher)	結婚する	kekkon suru

boda (f)	結婚式	kekkonshiki
bodas (f pl) de ouro	金婚式	kinkonshiki
aniversário (m)	記念日	kinen bi

amante (m)	恋人	koibito
amante (f)	愛人	aijin

adultério (m)	不倫	furin
cometer adultério	不倫する	furin suru
ciumento	焼きもち焼きの	yakimochi yaki no
ser ciumento	焼きもちを焼く	yakimochi wo yaku

brigar (discutir)	口論する	kōron suru
fazer as pazes	仲直りする	nakanaori suru
juntos	一緒に	issho ni
sexo (m)	セックス	sekkusu

felicidade (f)	幸福	kōfuku
feliz	幸福な	kōfuku na
infelicidade (f)	不幸	fukō
infeliz	不幸な	fukō na

Caráter. Sentimentos. Emoções

58. Sentimentos. Emoções

sentimento (m)	感情	kanjō
sentimentos (m pl)	感情	kanjō
sentir (vt)	感じる	kanjiru
fome (f)	空腹	kūfuku
ter fome	腹をすかす	hara wo sukasu
sede (f)	渇き	kawaki
ter sede	喉が渇く	nodo ga kawaku
sonolência (f)	眠気	nemuke
estar sonolento	眠気を催す	nemuke wo moyōsu
cansaço (m)	疲れ	tsukare
cansado	疲れた	tsukare ta
ficar cansado	疲れる	tsukareru
humor (m)	気分	kibun
tédio (m)	退屈	taikutsu
aborrecer-se (vr)	退屈する	taikutsu suru
isolamento (m)	隠遁	inton
isolar-se	隠遁する	inton suru
preocupar (vt)	心配させる	shinpai saseru
preocupar-se (vr)	心配する	shinpai suru
preocupação (f)	心配	shinpai
ansiedade (f)	不安	fuan
preocupado	気をとられている	ki wo torarete iru
estar nervoso	緊張する	kinchō suru
entrar em pânico	パニックに陥る	panikku ni ochīru
esperança (f)	希望	kibō
esperar (vt)	希望する	kibō suru
certeza (f)	確かさ	tashika sa
certo	確かに	tashika ni
indecisão (f)	不確かさ	futashika sa
indeciso	不確かな	futashika na
ébrio, bêbado	酔った	yotta
sóbrio	酔っていない	yotte inai
fraco	弱い	yowai
feliz	幸福な	kōfuku na
assustar (vt)	怖がらせる	kowagara seru
fúria (f)	憤激	fungeki
ira, raiva (f)	激怒	gekido
depressão (f)	落ち込み	ochikomi
desconforto (m)	不快感	fukai kan

conforto (m)	心地よさ	kokochiyo sa
arrepender-se (vr)	後悔する	kōkai suru
arrependimento (m)	後悔	kōkai
azar (m), má sorte (f)	不運	fuun
tristeza (f)	悲しさ	kanashi sa
vergonha (f)	恥	haji
alegria (f)	喜び	yorokobi
entusiasmo (m)	熱意	netsui
entusiasta (m)	熱意を持っている人	netsui wo motte iru hito
mostrar entusiasmo	熱意を示す	netsui wo shimesu

59. Caráter. Personalidade

caráter (m)	性格	seikaku
falha (f) de caráter	性格の欠点	seikaku no ketten
mente (f)	精神	seishin
razão (f)	理性	risei
consciência (f)	良心	ryōshin
hábito (m)	習慣	shūkan
habilidade (f)	能力	nōryoku
saber (~ nadar, etc.)	できる	dekiru
paciente	我慢強い	gamanzuyoi
impaciente	気が短い	ki ga mijikai
curioso	好奇心の強い	kōki shin no tsuyoi
curiosidade (f)	好奇心	kōki shin
modéstia (f)	謙遜	kenson
modesto	謙遜な	kenson na
imodesto	慎みのない	tsutsushimi no nai
preguiça (f)	怠惰	taida
preguiçoso	怠惰な	taida na
preguiçoso (m)	怠惰な人	taida na hito
astúcia (f)	狡猾さ	kōkatsu sa
astuto	狡猾な	kōkatsu na
desconfiança (f)	疑惑	giwaku
desconfiado	疑いの	utagai no
generosidade (f)	気前のよさ	kimae no yo sa
generoso	気前のよい	kimae no yoi
talentoso	才能のある	sainō no aru
talento (m)	才能	sainō
corajoso	勇敢な	yūkan na
coragem (f)	勇敢さ	yūkan sa
honesto	正直な	shōjiki na
honestidade (f)	正直	shōjiki
prudente	用心して	yōjin shi te
valente	勇ましい	isamashī

sério	真剣な	shinken na
severo	厳しい	kibishī
decidido	決断力のある	ketsudan ryoku no aru
indeciso	優柔不断な	yūjūfudan na
tímido	内気な	uchiki na
timidez (f)	内気	uchiki
confiança (f)	信用	shinyō
confiar (vt)	信用する	shinyō suru
crédulo	信じやすい	shinji yasui
sinceramente	心から	kokorokara
sincero	心からの	kokorokara no
sinceridade (f)	誠実	seijitsu
aberto	率直な	socchoku na
calmo	平静な	heisei na
franco	正直な	shōjiki na
ingénuo	うぶな	ubu na
distraído	上の空な	uwanosora na
engraçado	おかしな	okashina
ganância (f)	欲張り	yokubari
ganancioso	欲張りの	yokubari no
avarento	けちな	kechi na
mau	悪い	warui
teimoso	頑固な	ganko na
desagradável	感じの悪い	kanji no warui
egoísta (m)	わがまま	wagamama
egoísta	わがままな	wagamama na
cobarde (m)	臆病者	okubyō mono
cobarde	臆病な	okubyō na

60. O sono. Sonhos

dormir (vi)	眠る	nemuru
sono (m)	眠り	nemuri
sonho (m)	夢	yume
sonhar (vi)	夢を見る	yume wo miru
sonolento	眠い	nemui
cama (f)	ベッド、寝台	beddo, shindai
colchão (m)	マットレス	mattoresu
cobertor (m)	毛布	mōfu
almofada (f)	枕	makura
lençol (m)	シーツ、敷布	shītsu, shikifu
insónia (f)	不眠症	fuminshō
insone	眠れない	nemure nai
sonífero (m)	睡眠薬	suiminyaku
tomar um sonífero	睡眠薬を服用する	suiminyaku wo fukuyō suru
estar sonolento	眠気を催す	nemuke wo moyōsu

bocejar (vi)	あくびをする	akubi wo suru
ir para a cama	就寝する	shūshin suru
fazer a cama	ベッドを整える	beddo wo totonoeru
adormecer (vi)	寝入る	neiru
pesadelo (m)	悪夢	akumu
ronco (m)	いびき［鼾］	ibiki
roncar (vi)	いびきをかく	ibiki wo kaku
despertador (m)	目覚まし時計	mezamashi dokei
acordar, despertar (vt)	起こす	okosu
acordar (vi)	起きる	okiru
levantar-se (vr)	起床する	kishō suru
lavar-se (vr)	洗面する	senmen suru

61. Humor. Riso. Alegria

humor (m)	ユーモア	yūmoa
sentido (m) de humor	ユーモアのセンス	yūmoa no sensu
divertir-se (vr)	楽しむ	tanoshimu
alegre	うれしい［嬉しい］	ureshī
alegria (f)	楽しみ	tanoshimi
sorriso (m)	ほほえみ［微笑み］	hohoemi
sorrir (vi)	ほほえむ［微笑む］	hohoemu
começar a rir	笑いだす	waraidasu
rir (vi)	笑う	warau
riso (m)	笑い声	waraigoe
anedota (f)	逸話	itsuwa
engraçado	おかしな	okashina
ridículo	おかしな	okashina
brincar, fazer piadas	冗談を言う	jōdan wo iu
piada (f)	冗談	jōdan
alegria (f)	喜び	yorokobi
regozijar-se (vr)	喜ぶ	yorokobu
alegre	喜ばしい	yorokobashī

62. Discussão, conversação. Parte 1

comunicação (f)	連絡	renraku
comunicar-se (vr)	連絡する	renraku suru
conversa (f)	会話	kaiwa
diálogo (m)	対話	taiwa
discussão (f)	討論	tōron
debate (m)	議論	giron
debater (vt)	議論する	giron suru
interlocutor (m)	対話者	taiwa sha
tema (m)	話題	wadai

ponto (m) de vista	視点	shiten
opinião (f)	意見	iken
discurso (m)	演説、スピーチ	enzetsu, supīchi

discussão (f)	討議	tōgi
discutir (vt)	討議する	tōgi suru
conversa (f)	対話	taiwa
conversar (vi)	話す	hanasu
encontro (m)	打ち合わせ	uchiawase
encontrar-se (vr)	会う	au

provérbio (m)	ことわざ [諺]	kotowaza
ditado (m)	格言	kakugen
adivinha (f)	謎	nazo
dizer uma adivinha	謎かけをする	nazo kake wo suru
senha (f)	パスワード	pasuwādo
segredo (m)	秘密	himitsu

juramento (m)	誓い	chikai
jurar (vi)	誓う	chikau
promessa (f)	約束	yakusoku
prometer (vt)	約束する	yakusoku suru

conselho (m)	助言	jogen
aconselhar (vt)	助言する	jogen suru
seguir o conselho	助言に従う	jogen ni shitagau
escutar (~ os conselhos)	従う	shitagau

novidade, notícia (f)	ニュース	nyūsu
sensação (f)	センセーション	sensēshon
informação (f)	データ	dēta
conclusão (f)	結論	ketsuron
voz (f)	声	koe
elogio (m)	褒め言葉	home kotoba
amável	親切な	shinsetsu na

palavra (f)	単語	tango
frase (f)	句	ku
resposta (f)	回答	kaitō

| verdade (f) | 真実 | shinjitsu |
| mentira (f) | うそ [嘘] | uso |

pensamento (m)	思索	shisaku
ideia (f)	考え	kangae
fantasia (f)	空想	kūsō

63. Discussão, conversação. Parte 2

estimado	尊敬すべき	sonkei su beki
respeitar (vt)	尊敬する	sonkei suru
respeito (m)	尊敬	sonkei
Estimado ..., Caro ...	…様	... sama
apresentar (vt)	紹介する	shōkai suru

travar conhecimento	知り合う	shiriau
intenção (f)	意図	ito
tencionar (vt)	意図する	ito suru
desejo (m)	よろしくとの言葉	yoroshiku to no kotoba
desejar (ex. ~ boa sorte)	祈る	inoru

surpresa (f)	驚き	odoroki
surpreender (vt)	驚かす	odorokasu
surpreender-se (vr)	驚く	odoroku

dar (vt)	手渡す	tewatasu
pegar (tomar)	取る	toru
devolver (vt)	返す	kaesu
retornar (vt)	戻す	modosu

desculpar-se (vr)	謝る	ayamaru
desculpa (f)	謝罪	shazai
perdoar (vt)	許す	yurusu

falar (vi)	話す	hanasu
escutar (vt)	聴く	kiku
ouvir até o fim	最後まで聞く	saigo made kiku
compreender (vt)	理解する	rikai suru

mostrar (vt)	見せる	miseru
olhar para ...	…を見る	... wo miru
chamar (dizer em voz alta o nome)	呼ぶ	yobu
distrair (vt)	気を散らす	ki wo chirasu
perturbar (vt)	邪魔をする	jama wo suru
entregar (~ em mãos)	渡す	watasu

pedido (m)	要請	yōsei
pedir (ex. ~ ajuda)	要請する	yōsei suru
exigência (f)	要求	yōkyū
exigir (vt)	要求する	yōkyū suru

chamar nomes (vt)	からかう	karakau
zombar (vt)	あざ笑う	azawarau
zombaria (f)	あざ笑い	azawarai
alcunha (f)	あだ名	adana

insinuação (f)	ほのめかし	honomekashi
insinuar (vt)	ほのめかす	honomekasu
subentender (vt)	意味する	imi suru

descrição (f)	記述すること	kijutsu suru koto
descrever (vt)	記述する	kijutsu suru
elogio (m)	称賛	shōsan
elogiar (vt)	称賛する	shōsan suru

desapontamento (m)	失望	shitsubō
desapontar (vt)	失望させる	shitsubō saseru
desapontar-se (vr)	失望する	shitsubō suru
suposição (f)	仮定	katei
supor (vt)	仮定する	katei suru

| advertência (f) | 警告 | keikoku |
| advertir (vt) | 警告する | keikoku suru |

64. Discussão, conversação. Parte 3

| convencer (vt) | 説得する | settoku suru |
| acalmar (vt) | 落ち着かせる | ochitsukaseru |

silêncio (o ~ é de ouro)	沈黙	chinmoku
ficar em silêncio	沈黙を守る	chinmoku wo mamoru
sussurrar (vt)	ささやく	sasayaku
sussurro (m)	ささやき	sasayaki

| francamente | 率直に | socchoku ni |
| a meu ver ... | 私の見解では | watashi no kenkai de wa |

detalhe (~ da história)	詳細	shōsai
detalhado	詳細な	shōsai na
detalhadamente	詳細に	shōsai ni

| dica (f) | 暗示 | anji |
| dar uma dica | 暗示する | anji suru |

olhar (m)	目つき	me tsuki
dar uma vista de olhos	見る	miru
fixo (olhar ~)	長い	nagai
piscar (vi)	まばたきする	mabataki suru
pestanejar (vt)	ウィンクする	winku suru
acenar (com a cabeça)	うなずく	unazuku

suspiro (m)	ため息［ためいき］	tameiki
suspirar (vi)	ため息をつく	tameiki wo tsuku
estremecer (vi)	身震いする	miburui suru
gesto (m)	身ぶり	miburi
tocar (com as mãos)	触れる	fureru
agarrar (~ pelo braço)	握る	nigiru
bater de leve	軽くたたく	karuku tataku

Cuidado!	危ない！	abunai!
A sério?	本当ですか？	hontō desu ka ?
Tem certeza?	本当に？	hontōni ?
Boa sorte!	幸運を！	kōun o!
Compreendi!	分かった！	wakatta!
Que pena!	残念！	zannen!

65. Acordo. Recusa

consentimento (~ mútuo)	同意	dōi
consentir (vi)	同意する	dōi suru
aprovação (f)	承認	shōnin
aprovar (vt)	承認する	shōnin suru
recusa (f)	拒絶	kyozetsu

negar-se (vt)	拒絶する	kyozetsu suru
Está ótimo!	すごい!	sugoi!
Muito bem!	了解!	ryōkai!
Está bem! De acordo!	オーケー!	ōkē!
proibido	禁止の	kinshi no
é proibido	禁止されています	kinshi sare te i masu
é impossível	それは無理だ	sore wa murida
incorreto	正しくない	tadashiku nai
rejeitar (~ um pedido)	拒絶する	kyozetsu suru
apoiar (vt)	支援する	shien suru
aceitar (desculpas, etc.)	受け入れる	ukeireru
confirmar (vt)	確認する	kakunin suru
confirmação (f)	確認	kakunin
permissão (f)	許可	kyoka
permitir (vt)	許可する	kyoka suru
decisão (f)	決断	ketsudan
não dizer nada	沈黙する	chinmoku suru
condição (com uma ~)	条件	jōken
pretexto (m)	言い訳	īwake
elogio (m)	称賛	shōsan
elogiar (vt)	称賛する	shōsan suru

66. Sucesso. Boa sorte. Insucesso

êxito, sucesso (m)	成功	seikō
com êxito	成功して	seikō shite
bem sucedido	成功した	seikō shita
sorte (fortuna)	幸運	koūn
Boa sorte!	幸運を!	kōun o!
de sorte	運のいい	unnoī
sortudo, felizardo	幸運な	kōun na
fracasso (m)	失敗	shippai
pouca sorte (f)	不幸	fukō
azar (m), má sorte (f)	不運	fuun
mal sucedido	不成功の	fu seikō no
catástrofe (f)	大失敗	dai shippai
orgulho (m)	誇り	hokori
orgulhoso	誇りに思う	hokori ni omō
estar orgulhoso	…を誇りに思う	… wo hokori ni omō
vencedor (m)	勝利者	shōri sha
vencer (vi)	勝つ	katsu
perder (vt)	負ける	makeru
tentativa (f)	試み	kokoromi
tentar (vt)	試みる	kokoromiru
chance (m)	機会	kikai

67. Conflitos. Emoções negativas

grito (m)	叫び	sakebi
gritar (vi)	叫ぶ	sakebu
começar a gritar	叫びだす	sakebidasu
discussão (f)	口論	kōron
discutir (vt)	口論する	kōron suru
escândalo (m)	喧嘩 [けんか]	kenka
criar escândalo	喧嘩する	kenka suru
conflito (m)	抗争	kōsō
mal-entendido (m)	誤解	gokai
insulto (m)	侮辱	bujoku
insultar (vt)	侮辱する	bujoku suru
insultado	侮辱された	bujoku sare ta
ofensa (f)	恨み	urami
ofender (vt)	感情を害する	kanjō wo gaisuru
ofender-se (vr)	…に感情を害する	… ni kanjō wo gaisuru
indignação (f)	憤慨	fungai
indignar-se (vr)	憤慨する	fungai suru
queixa (f)	不平	fuhei
queixar-se (vr)	不平を言う	fuhei wo iu
desculpa (f)	謝罪	shazai
desculpar-se (vr)	謝罪する	shazai suru
pedir perdão	謝る	ayamaru
crítica (f)	批判	hihan
criticar (vt)	批判する	hihan suru
acusação (f)	責め	seme
acusar (vt)	責める	semeru
vingança (f)	復讐	fukushū
vingar (vt)	復讐する	fukushū suru
vingar-se (vr)	仕返しをする	shikaeshi wo suru
desprezo (m)	軽蔑	keibetsu
desprezar (vt)	軽蔑する	keibetsu suru
ódio (m)	憎しみ	nikushimi
odiar (vt)	憎む	nikumu
nervoso	緊張した	kinchō shita
estar nervoso	緊張する	kinchō suru
zangado	怒って	okotte
zangar (vt)	怒らせる	okoraseru
humilhação (f)	屈辱	kutsujoku
humilhar (vt)	屈辱を与える	kutsujoku wo ataeru
humilhar-se (vr)	面目を失う	menboku wo ushinau
choque (m)	衝撃	shōgeki
chocar (vt)	衝撃を与える	shōgeki wo ataeru
aborrecimento (m)	不愉快なこと	fuyukai na koto

desagradável	不愉快な	fuyukai na
medo (m)	恐れ	osore
terrível (tempestade, etc.)	ひどい	hidoi
assustador (ex. história ~a)	怖い	kowai
horror (m)	恐怖	kyōfu
horrível (crime, etc.)	恐ろしい	osoroshī
começar a tremer	震え始める	furue hajimeru
chorar (vi)	泣く	naku
começar a chorar	泣きだす	nakidasu
lágrima (f)	涙	namida
falta (f)	責任	sekinin
culpa (f)	罪悪感	zaiaku kan
desonra (f)	不名誉	fumeiyo
protesto (m)	抗議	kōgi
stresse (m)	ストレス	sutoresu
perturbar (vt)	邪魔をする	jama wo suru
zangar-se com …	腹を立てる	hara wo tateru
zangado	腹を立てた	hara wo tate ta
terminar (vt)	終わらせる	owaraseru
praguejar	しかる	shikaru
assustar-se	恐れる	osoreru
golpear (vt)	ぶつ	butsu
brigar (na rua, etc.)	喧嘩をする	kenka wo suru
resolver (o conflito)	解決する	kaiketsu suru
descontente	不満な	fuman na
furioso	激怒した	gekido shi ta
Não está bem!	良くないよ！	yoku nai yo!
É mau!	いけないことだぞ！	ike nai koto da zo!

Medicina

68. Doenças

doença (f)	病気	byōki
estar doente	病気になる	byōki ni naru
saúde (f)	健康	kenkō
nariz (m) a escorrer	鼻水	hanamizu
amigdalite (f)	狭心症	kyōshinshō
constipação (f)	風邪	kaze
constipar-se (vr)	風邪をひく	kaze wo hiku
bronquite (f)	気管支炎	kikanshien
pneumonia (f)	肺炎	haien
gripe (f)	インフルエンザ	infuruenza
míope	近視の	kinshi no
presbita	遠視の	enshi no
estrabismo (m)	斜視	shashi
estrábico	斜視の	shashi no
catarata (f)	白内障	hakunaishō
glaucoma (m)	緑内障	ryokunaishō
AVC (m), apoplexia (f)	脳卒中	nōsocchū
ataque (m) cardíaco	心臓発作	shinzō hossa
enfarte (m) do miocárdio	心筋梗塞	shinkinkōsoku
paralisia (f)	まひ [麻痺]	mahi
paralisar (vt)	まひさせる	mahi saseru
alergia (f)	アレルギー	arerugī
asma (f)	ぜんそく [喘息]	zensoku
diabetes (f)	糖尿病	tōnyō byō
dor (f) de dentes	歯痛	shitsū
cárie (f)	カリエス	kariesu
diarreia (f)	下痢	geri
prisão (f) de ventre	便秘	benpi
desarranjo (m) intestinal	胃のむかつき	i no mukatsuki
intoxicação (f) alimentar	食中毒	shokuchūdoku
intoxicar-se	食中毒にかかる	shokuchūdoku ni kakaru
artrite (f)	関節炎	kansetsu en
raquitismo (m)	くる病	kuru yamai
reumatismo (m)	リューマチ	ryūmachi
arteriosclerose (f)	アテローム性動脈硬化	ate rōmu sei dōmyaku kōka
gastrite (f)	胃炎	ien
apendicite (f)	虫垂炎	chūsuien

| colecistite (f) | 胆嚢炎 | tannō en |
| úlcera (f) | 潰瘍 | kaiyō |

sarampo (m)	麻疹	hashika
rubéola (f)	風疹	fūshin
iterícia (f)	黄疸	ōdan
hepatite (f)	肝炎	kanen

esquizofrenia (f)	統合失調症	tōgō shicchō shō
raiva (f)	恐水病	kyōsuibyō
neurose (f)	神経症	shinkeishō
comoção (f) cerebral	脳震とう（脳震盪）	nōshintō

cancro (m)	がん [癌]	gan
esclerose (f)	硬化症	kōka shō
esclerose (f) múltipla	多発性硬化症	tahatsu sei kōka shō

alcoolismo (m)	アルコール依存症	arukōru izon shō
alcoólico (m)	アルコール依存症患者	arukōru izon shō kanja
sífilis (f)	梅毒	baidoku
SIDA (f)	エイズ	eizu

tumor (m)	腫瘍	shuyō
maligno	悪性の	akusei no
benigno	良性の	ryōsei no

febre (f)	発熱	hatsunetsu
malária (f)	マラリア	mararia
gangrena (f)	壊疽	eso
enjoo (m)	船酔い	fune yoi
epilepsia (f)	てんかん [癲癇]	tenkan

epidemia (f)	伝染病	densen byō
tifo (m)	チフス	chifusu
tuberculose (f)	結核	kekkaku
cólera (f)	コレラ	korera
peste (f)	ペスト	pesuto

69. Sintomas. Tratamentos. Parte 1

sintoma (m)	兆候	chōkō
temperatura (f)	体温	taion
febre (f)	熱	netsu
pulso (m)	脈拍	myakuhaku

vertigem (f)	目まい [眩暈]	memai
quente (testa, etc.)	熱い	atsui
calafrio (m)	震え	furue
pálido	青白い	aojiroi

tosse (f)	咳	seki
tossir (vi)	咳をする	seki wo suru
espirrar (vi)	くしゃみをする	kushami wo suru
desmaio (m)	気絶	kizetsu

desmaiar (vi)	気絶する	kizetsu suru
nódoa (f) negra	打ち身	uchimi
galo (m)	たんこぶ	tankobu
magoar-se (vr)	あざができる	aza ga dekiru
pisadura (f)	打撲傷	dabokushō
aleijar-se (vr)	打撲する	daboku suru

coxear (vi)	足を引きずる	ashi wo hikizuru
deslocação (f)	脱臼	dakkyū
deslocar (vt)	脱臼する	dakkyū suru
fratura (f)	骨折	kossetsu
fraturar (vt)	骨折する	kossetsu suru

corte (m)	切り傷	kirikizu
cortar-se (vr)	切り傷を負う	kirikizu wo ō
hemorragia (f)	出血	shukketsu

queimadura (f)	火傷	yakedo
queimar-se (vr)	火傷する	yakedo suru

picar (vt)	刺す	sasu
picar-se (vr)	自分を刺す	jibun wo sasu
lesionar (vt)	けがする	kega suru
lesão (m)	けが [怪我]	kega
ferida (f), ferimento (m)	負傷	fushō
trauma (m)	外傷	gaishō

delirar (vi)	熱に浮かされる	netsu ni ukasareru
gaguejar (vi)	どもる	domoru
insolação (f)	日射病	nisshabyō

70. Sintomas. Tratamentos. Parte 2

dor (f)	痛み	itami
farpa (no dedo)	とげ [棘]	toge

suor (m)	汗	ase
suar (vi)	汗をかく	ase wo kaku
vómito (m)	嘔吐	ōto
convulsões (f pl)	けいれん [痙攣]	keiren

grávida	妊娠している	ninshin shi te iru
nascer (vi)	生まれる	umareru
parto (m)	分娩	bumben
dar à luz	分娩する	bumben suru
aborto (m)	妊娠中絶	ninshin chūzetsu

respiração (f)	呼吸	kokyū
inspiração (f)	息を吸うこと	iki wo sū koto
expiração (f)	息を吐くこと	iki wo haku koto
expirar (vi)	息を吐く	iki wo haku
inspirar (vi)	息を吸う	iki wo sū
inválido (m)	障害者	shōgai sha
aleijado (m)	身障者	shinshōsha

toxicodependente (m)	麻薬中毒者	mayaku chūdoku sha
surdo	ろうの [聾の]	rō no
mudo	口のきけない	kuchi no kike nai
surdo-mudo	ろうあの [聾唖の]	rōa no

louco (adj.)	狂気の	kyōki no
louco (m)	狂人	kyōjin
louca (f)	狂女	kyōjo
ficar louco	気が狂う	ki ga kurū

gene (m)	遺伝子	idenshi
imunidade (f)	免疫	meneki
hereditário	遺伝性の	iden sei no
congénito	先天性の	senten sei no

vírus (m)	ウィルス	wirusu
micróbio (m)	細菌	saikin
bactéria (f)	バクテリア	bakuteria
infeção (f)	伝染	densen

71. Sintomas. Tratamentos. Parte 3

| hospital (m) | 病院 | byōin |
| paciente (m) | 患者 | kanja |

diagnóstico (m)	診断	shindan
cura (f)	療養	ryōyō
tratamento (m) médico	治療	chiryō
curar-se (vr)	治療を受ける	chiryō wo ukeru
tratar (vt)	治療する	chiryō suru
cuidar (pessoa)	看護する	kango suru
cuidados (m pl)	看護	kango

operação (f)	手術	shujutsu
enfaixar (vt)	包帯をする	hōtai wo suru
enfaixamento (m)	包帯を巻くこと	hōtai wo maku koto

vacinação (f)	予防接種	yobō sesshu
vacinar (vt)	予防接種をする	yobō sesshu wo suru
injeção (f)	注射	chūsha
dar uma injeção	注射する	chūsha suru

ataque (~ de asma, etc.)	発作	hossa
amputação (f)	切断手術	setsudan shujutsu
amputar (vt)	切断する	setsudan suru
coma (f)	昏睡	konsui
estar em coma	昏睡状態になる	konsui jōtai ni naru
reanimação (f)	集中治療	shūchū chiryō

recuperar-se (vr)	回復する	kaifuku suru
estado (~ de saúde)	体調	taichō
consciência (f)	意識	ishiki
memória (f)	記憶	kioku
tirar (vt)	抜く	nuku

chumbo (m), obturação (f)	詰め物	tsume mono
chumbar, obturar (vt)	詰め物をする	tsume mono wo suru
hipnose (f)	催眠術	saimin jutsu
hipnotizar (vt)	催眠術をかける	saimin jutsu wo kakeru

72. Médicos

médico (m)	医者	isha
enfermeira (f)	看護師	kangoshi
médico (m) pessoal	町医者	machīsha
dentista (m)	歯科医	shikai
oculista (m)	眼科医	gankai
terapeuta (m)	内科医	naikai
cirurgião (m)	外科医	gekai
psiquiatra (m)	精神科医	seishin kai
pediatra (m)	小児科医	shōnikai
psicólogo (m)	心理学者	shinri gakusha
ginecologista (m)	婦人科医	fujin kai
cardiologista (m)	心臓内科医	shinzō naikai

73. Medicina. Drogas. Acessórios

medicamento (m)	薬	kusuri
remédio (m)	治療薬	chiryō yaku
receitar (vt)	処方する	shohō suru
receita (f)	処方	shohō
comprimido (m)	錠剤	jōzai
pomada (f)	軟膏	nankō
ampola (f)	アンプル	anpuru
preparado (m)	調合薬	chōgō yaku
xarope (m)	シロップ	shiroppu
cápsula (f)	丸剤	gan zai
remédio (m) em pó	粉薬	konagusuri
ligadura (f)	包帯	hōtai
algodão (m)	脱脂綿	dasshimen
iodo (m)	ヨード	yōdo
penso (m) rápido	ばんそうこう [絆創膏]	bansōkō
conta-gotas (m)	アイドロッパー	aidoroppā
termómetro (m)	体温計	taionkei
seringa (f)	注射器	chūsha ki
cadeira (f) de rodas	車椅子	kurumaisu
muletas (f pl)	松葉杖	matsubazue
analgésico (m)	痛み止め	itami tome
laxante (m)	下剤	gezai

álcool (m) etílico　　　エタノール　　　etanoru
ervas (f pl) medicinais　薬草　　　　　　yakusō
de ervas (chá ~)　　　薬草の　　　　　　yakusō no

74. Fumar. Produtos tabágicos

tabaco (m)　　　　　　タバコ［煙草］　　tabako
cigarro (m)　　　　　　タバコ　　　　　　tabako
charuto (m)　　　　　　葉巻　　　　　　　hamaki
cachimbo (m)　　　　　パイプ　　　　　　paipu
maço (~ de cigarros)　箱　　　　　　　　hako

fósforos (m pl)　　　　マッチ　　　　　　macchi
caixa (f) de fósforos　マッチ箱　　　　　macchi bako
isqueiro (m)　　　　　ライター　　　　　raitā
cinzeiro (m)　　　　　灰皿　　　　　　　haizara
cigarreira (f)　　　　　シガレットケース　shigaretto kēsu

boquilha (f)　　　　　シガレットフォルダー　shigaretto forudā
filtro (m)　　　　　　フィルター　　　　firutā

fumar (vi, vt)　　　　喫煙する　　　　　kitsuen suru
acender um cigarro　タバコに火を付ける　tabako ni hi wo tsukeru
tabagismo (m)　　　喫煙　　　　　　　kitsuen
fumador (m)　　　　喫煙者　　　　　　kitsuen sha

beata (f)　　　　　煙草の吸い残り　　tabako no sui nokori
fumo (m)　　　　　煙　　　　　　　　kemuri
cinza (f)　　　　　灰　　　　　　　　hai

HABITAT HUMANO

Cidade

75. Cidade. Vida na cidade

cidade (f)	市、町	shi, machi
capital (f)	首都	shuto
aldeia (f)	村	mura
mapa (m) da cidade	市街地図	shigai chizu
centro (m) da cidade	中心街	chūshin gai
subúrbio (m)	郊外	kōgai
suburbano	郊外の	kōgai no
periferia (f)	町外れ	machihazure
arredores (m pl)	近郊	kinkō
quarteirão (m)	街区	gaiku
quarteirão (m) residencial	住宅街	jūtaku gai
tráfego (m)	交通	kōtsū
semáforo (m)	信号	shingō
transporte (m) público	公共交通機関	kōkyō kōtsū kikan
cruzamento (m)	交差点	kōsaten
passadeira (f)	横断歩道	ōdan hodō
passagem (f) subterrânea	地下道	chikadō
cruzar, atravessar (vt)	横断する	ōdan suru
peão (m)	歩行者	hokō sha
passeio (m)	歩道	hodō
ponte (f)	橋	hashi
margem (f) do rio	堤防	teibō
fonte (f)	噴水	funsui
alameda (f)	散歩道	sanpomichi
parque (m)	公園	kōen
bulevar (m)	大通り	ōdōri
praça (f)	広場	hiroba
avenida (f)	アヴェニュー	avenyū
rua (f)	通り	tōri
travessa (f)	わき道 [脇道]	wakimichi
beco (m) sem saída	行き止まり	ikidomari
casa (f)	家屋	kaoku
edifício, prédio (m)	建物	tatemono
arranha-céus (m)	摩天楼	matenrō
fachada (f)	ファサード	fasādo
telhado (m)	屋根	yane

janela (f)	窓	mado
arco (m)	アーチ	āchi
coluna (f)	柱	hashira
esquina (f)	角	kado

montra (f)	ショーウインドー	shōuindō
letreiro (m)	店看板	mise kanban
cartaz (m)	ポスター	posutā
cartaz (m) publicitário	広告ポスター	kōkoku posutā
painel (m) publicitário	広告掲示板	kōkoku keijiban

lixo (m)	ゴミ［ごみ］	gomi
cesta (f) do lixo	ゴミ入れ	gomi ire
jogar lixo na rua	ゴミを投げ捨てる	gomi wo nagesuteru
aterro (m) sanitário	ゴミ捨て場	gomi suteba

cabine (f) telefónica	電話ボックス	denwa bokkusu
candeeiro (m) de rua	街灯柱	gaitō bashira
banco (m)	ベンチ	benchi

polícia (m)	警官	keikan
polícia (instituição)	警察	keisatsu
mendigo (m)	こじき	kojiki
sem-abrigo (m)	ホームレス	hōmuresu

76. Instituições urbanas

loja (f)	店、…屋	mise, …ya
farmácia (f)	薬局	yakkyoku
ótica (f)	眼鏡店	megane ten
centro (m) comercial	ショッピングモール	shoppingu mōru
supermercado (m)	スーパーマーケット	sūpāmāketto

padaria (f)	パン屋	panya
padeiro (m)	パン職人	pan shokunin
pastelaria (f)	菓子店	kashi ten
mercearia (f)	食料品店	shokuryō hin ten
talho (m)	肉屋	nikuya

| loja (f) de legumes | 八百屋 | yaoya |
| mercado (m) | 市場 | ichiba |

café (m)	喫茶店	kissaten
restaurante (m)	レストラン	resutoran
bar (m), cervejaria (f)	パブ	pabu
pizzaria (f)	ピザ屋	piza ya

salão (m) de cabeleireiro	美容院	biyō in
correios (m pl)	郵便局	yūbin kyoku
lavandaria (f)	クリーニング屋	kurīningu ya
estúdio (m) fotográfico	写真館	shashin kan

| sapataria (f) | 靴屋 | kutsuya |
| livraria (f) | 本屋 | honya |

loja (f) de artigos de desporto	スポーツ店	supōtsu ten
reparação (f) de roupa	洋服直し専門店	yōfuku naoshi senmon ten
aluguer (m) de roupa	貸衣裳店	kashi ishō ten
aluguer (m) de filmes	レンタルビデオ店	rentarubideo ten

circo (m)	サーカス	sākasu
jardim (m) zoológico	動物園	dōbutsu en
cinema (m)	映画館	eiga kan
museu (m)	博物館	hakubutsukan
biblioteca (f)	図書館	toshokan

teatro (m)	劇場	gekijō
ópera (f)	オペラハウス	opera hausu
clube (m) noturno	ナイトクラブ	naito kurabu
casino (m)	カジノ	kajino

mesquita (f)	モスク	mosuku
sinagoga (f)	シナゴーグ	shinagōgu
catedral (f)	大聖堂	dai seidō
templo (m)	寺院	jīn
igreja (f)	教会	kyōkai

instituto (m)	大学	daigaku
universidade (f)	大学	daigaku
escola (f)	学校	gakkō

prefeitura (f)	県庁舎	ken chōsha
câmara (f) municipal	市役所	shiyaku sho
hotel (m)	ホテル	hoteru
banco (m)	銀行	ginkō

embaixada (f)	大使館	taishikan
agência (f) de viagens	旅行代理店	ryokō dairi ten
agência (f) de informações	案内所	annai sho
casa (f) de câmbio	両替所	ryōgae sho

| metro (m) | 地下鉄 | chikatetsu |
| hospital (m) | 病院 | byōin |

| posto (m) de gasolina | ガソリンスタンド | gasorin sutando |
| parque (m) de estacionamento | 駐車場 | chūsha jō |

77. Transportes urbanos

autocarro (m)	バス	basu
elétrico (m)	路面電車	romen densha
troleicarro (m)	トロリーバス	tororībasu
itinerário (m)	路線	rosen
número (m)	番号	bangō

ir de ... (carro, etc.)	…で行く	... de iku
entrar (~ no autocarro)	乗る	noru
descer de ...	降りる	oriru
paragem (f)	停	toma

próxima paragem (f)	次の停車駅	tsugi no teishaeki
ponto (m) final	終着駅	shūchakueki
horário (m)	時刻表	jikoku hyō
esperar (vt)	待つ	matsu

| bilhete (m) | 乗車券 | jōsha ken |
| custo (m) do bilhete | 運賃 | unchin |

bilheteiro (m)	販売員	hanbai in
controlo (m) dos bilhetes	集札	shū satsu
revisor (m)	車掌	shashō

atrasar-se (vr)	遅れる	okureru
perder (o autocarro, etc.)	逃す	nogasu
estar com pressa	急ぐ	isogu

táxi (m)	タクシー	takushī
taxista (m)	タクシーの運転手	takushī no unten shu
de táxi (ir ~)	タクシーで	takushī de
praça (f) de táxis	タクシー乗り場	takushī noriba
chamar um táxi	タクシーを呼ぶ	takushī wo yobu
apanhar um táxi	タクシーに乗る	takushī ni noru

tráfego (m)	交通	kōtsū
engarrafamento (m)	渋滞	jūtai
horas (f pl) de ponta	ラッシュアワー	rasshuawā
estacionar (vi)	駐車する	chūsha suru
estacionar (vt)	駐車する	chūsha suru
parque (m) de estacionamento	駐車場	chūsha jō

metro (m)	地下鉄	chikatetsu
estação (f)	駅	eki
ir de metro	地下鉄で行く	chikatetsu de iku
comboio (m)	列車	ressha
estação (f)	鉄道駅	tetsudō eki

78. Turismo

monumento (m)	記念碑	kinen hi
fortaleza (f)	要塞	yōsai
palácio (m)	宮殿	kyūden
castelo (m)	城	shiro
torre (f)	塔	tō
mausoléu (m)	マウソレウム	mausoreumu

arquitetura (f)	建築	kenchiku
medieval	中世の	chūsei no
antigo	古代の	kodai no
nacional	国の	kuni no
conhecido	有名な	yūmei na

turista (m)	観光客	kankō kyaku
guia (pessoa)	ガイド	gaido
excursão (f)	小旅行	shō ryokō

| mostrar (vt) | 案内する | annai suru |
| contar (vt) | 話をする | hanashi wo suru |

encontrar (vt)	見つける	mitsukeru
perder-se (vr)	道に迷う	michi ni mayō
mapa (~ do metrô)	地図	chizu
mapa (~ da cidade)	地図	chizu

lembrança (f), presente (m)	土産	miyage
loja (f) de presentes	土産品店	miyage hin ten
fotografar (vt)	写真に撮る	shashin ni toru
fotografar-se	写真を撮られる	shashin wo torareru

79. Compras

comprar (vt)	買う	kau
compra (f)	買い物	kaimono
fazer compras	買い物に行く	kaimono ni iku
compras (f pl)	ショッピング	shoppingu

| estar aberta (loja, etc.) | 開いている | hiraite iru |
| estar fechada | 閉まっている | shimatte iru |

calçado (m)	履物	hakimono
roupa (f)	洋服	yōfuku
cosméticos (m pl)	化粧品	keshō hin
alimentos (m pl)	食料品	shokuryō hin
presente (m)	土産	miyage

| vendedor (m) | 店員、売り子 | tenin, uriko |
| vendedora (f) | 店員、売り子 | tenin, uriko |

caixa (f)	レジ	reji
espelho (m)	鏡	kagami
balcão (m)	カウンター	kauntā
cabine (f) de provas	試着室	shichaku shitsu

provar (vt)	試着する	shichaku suru
servir (vi)	合う	au
gostar (apreciar)	好む	konomu

preço (m)	価格	kakaku
etiqueta (f) de preço	値札	nefuda
custar (vt)	かかる	kakaru
Quanto?	いくら？	ikura ?
desconto (m)	割引	waribiki

não caro	安価な	anka na
barato	安い	yasui
caro	高い	takai
É caro	それは高い	sore wa takai

| aluguer (m) | レンタル | rentaru |
| alugar (vestidos, etc.) | レンタルする | rentaru suru |

| crédito (m) | 信用取引 | shinyō torihiki |
| a crédito | 付けで | tsuke de |

80. Dinheiro

dinheiro (m)	お金	okane
câmbio (m)	両替	ryōgae
taxa (f) de câmbio	為替レート	kawase rēto
Caixa Multibanco (m)	ATM	ētīemu
moeda (f)	コイン	koin

| dólar (m) | ドル | doru |
| euro (m) | ユーロ | yūro |

lira (f)	リラ	rira
marco (m)	ドイツマルク	doitsu maruku
franco (m)	フラン	furan
libra (f) esterlina	スターリング・ポンド	sutāringu pondo
iene (m)	円	en

dívida (f)	債務	saimu
devedor (m)	債務者	saimu sha
emprestar (vt)	貸す	kasu
pedir emprestado	借りる	kariru

banco (m)	銀行	ginkō
conta (f)	口座	kōza
depositar (vt)	預金する	yokin suru
depositar na conta	口座に預金する	kōza ni yokin suru
levantar (vt)	引き出す	hikidasu

cartão (m) de crédito	クレジットカード	kurejitto kādo
dinheiro (m) vivo	現金	genkin
cheque (m)	小切手	kogitte
passar um cheque	小切手を書く	kogitte wo kaku
livro (m) de cheques	小切手帳	kogitte chō

carteira (f)	財布	saifu
porta-moedas (m)	小銭入れ	kozeni ire
cofre (m)	金庫	kinko

herdeiro (m)	相続人	sōzokunin
herança (f)	相続	sōzoku
fortuna (riqueza)	財産	zaisan

arrendamento (m)	賃貸	chintai
renda (f) de casa	家賃	yachin
alugar (vt)	借りる	kariru

preço (m)	価格	kakaku
custo (m)	費用	hiyō
soma (f)	合計金額	gōkei kingaku
gastar (vt)	お金を使う	okane wo tsukau
gastos (m pl)	出費	shuppi

| economizar (vi) | 倹約する | kenyaku suru |
| económico | 節約の | setsuyaku no |

pagar (vt)	払う	harau
pagamento (m)	支払い	shiharai
troco (m)	おつり	o tsuri

imposto (m)	税	zei
multa (f)	罰金	bakkin
multar (vt)	罰金を科す	bakkin wo kasu

81. Correios. Serviço postal

correios (m pl)	郵便局	yūbin kyoku
correio (m)	郵便物	yūbin butsu
carteiro (m)	郵便配達人	yūbin haitatsu jin
horário (m)	営業時間	eigyō jikan

carta (f)	手紙	tegami
carta (f) registada	書留郵便	kakitome yūbin
postal (m)	はがき [葉書]	hagaki
telegrama (m)	電報	denpō
encomenda (f) postal	小包	kozutsumi
remessa (f) de dinheiro	送金	sōkin

receber (vt)	受け取る	uketoru
enviar (vt)	送る	okuru
envio (m)	送信	sōshin

endereço (m)	住所	jūsho
código (m) postal	郵便番号	yūbin bangō
remetente (m)	送り主	okurinushi
destinatário (m)	受取人	uketorinin

| nome (m) | 名前 | namae |
| apelido (m) | 姓 | sei |

tarifa (f)	郵便料金	yūbin ryōkin
ordinário	通常の	tsūjō no
económico	エコノミー航空	ekonomīkōkū

peso (m)	重さ	omo sa
pesar (estabelecer o peso)	量る	hakaru
envelope (m)	封筒	fūtō
selo (m)	郵便切手	yūbin kitte
colar o selo	封筒に切手を貼る	fūtō ni kitte wo haru

Moradia. Casa. Lar

82. Casa. Habitação

casa (f)	家屋	kaoku
em casa	家で、自宅で	iede, jitaku de
pátio (m)	中庭	nakaniwa
cerca (f)	柵	saku
tijolo (m)	煉瓦	renga
de tijolos	煉瓦の	renga no
pedra (f)	石	ishi
de pedra	石造の	sekizō no
betão (m)	コンクリート	konkurīto
de betão	コンクリートの	konkurīto no
novo	新築の	shinchiku no
velho	古い	furui
decrépito	老朽化した	rōkyū ka shi ta
moderno	現代的な	gendai teki na
de muitos andares	多層の	tasō no
alto	高い	takai
andar (m)	階	kai
de um andar	一階建ての	ikkai date no
andar (m) de baixo	1 階	ikkai
andar (m) de cima	最上階	saijōkai
telhado (m)	屋根	yane
chaminé (f)	煙突	entotsu
telha (f)	屋根瓦	yanegawara
de telha	瓦…	kawara …
sótão (m)	屋根裏	yaneura
janela (f)	窓	mado
vidro (m)	ガラス	garasu
parapeito (m)	窓台	mado dai
portadas (f pl)	鎧戸	yoroido
parede (f)	壁	kabe
varanda (f)	バルコニー	barukonī
tubo (m) de queda	縦樋	tatedoi
em cima	上の階で	ue no kai de
subir (~ as escadas)	上の階へ行く	ue no kai e iku
descer (vi)	下りる	oriru
mudar-se (vr)	移転する	iten suru

83. Casa. Entrada. Elevador

entrada (f)	入口	iriguchi
escada (f)	階段	kaidan
degraus (m pl)	階段	kaidan
corrimão (m)	手すり	tesuri
hall (m) de entrada	ロビー	robī
caixa (f) de correio	郵便受け	yūbin uke
caixote (m) do lixo	ゴミ収納庫	gomishūnōko
conduta (f) do lixo	ダストシュート	dasuto shūto
elevador (m)	エレベーター	erebētā
elevador (m) de carga	貨物用エレベーター	kamotsu yō erebētā
cabine (f)	エレベーターケージ	erebētā keiji
pegar o elevador	エレベーターに乗る	erebētā ni noru
apartamento (m)	アパート	apāto
moradores (m pl)	居住者	kyojū sha
vizinho (m)	隣人	rinjin
vizinha (f)	隣人	rinjin
vizinhos (pl)	隣人	rinjin

84. Casa. Portas. Fechaduras

porta (f)	ドア	doa
portão (m)	ゲート	gēto
maçaneta (f)	ドアノブ	doa nobu
destrancar (vt)	鍵を開ける	kagi wo akeru
abrir (vt)	開ける	akeru
fechar (vt)	閉める	shimeru
chave (f)	鍵	kagi
molho (m)	束	taba
ranger (vi)	きしむ	kishimu
rangido (m)	きしむ音	kishimu oto
dobradiça (f)	蝶番	chōtsugai
tapete (m) de entrada	玄関マット	genkan matto
fechadura (f)	錠	jō
buraco (m) da fechadura	鍵穴	kagiana
ferrolho (m)	かんぬき	kannuki
fecho (ferrolho pequeno)	掛け金ラッチ	kakekin racchi
cadeado (m)	南京錠	nankinjō
tocar (vt)	ベルを鳴らす	beru wo narasu
toque (m)	音	oto
campainha (f)	ドアベル	doa beru
botão (m)	玄関ブザー	genkan buzā
batida (f)	ノック	nokku
bater (vi)	ノックする	nokku suru
código (m)	コード	kōdo
fechadura (f) de código	ダイヤル錠	daiyaru jō

telefone (m) de porta	インターホン	intāhon
número (m)	番号	bangō
placa (f) de porta	表札	hyōsatsu
vigia (f), olho (m) mágico	ドアアイ	doaai

85. Casa de campo

| aldeia (f) | 村 | mura |
| horta (f) | 菜園 | saien |

cerca (f)	垣根	kakine
paliçada (f)	ピケットフェンス	piketto fensu
cancela (f) do jardim	くぐり戸	kugurito

celeiro (m)	穀倉	kokusō
adega (f)	地下室	chika shitsu
galpão, barracão (m)	納屋	naya
poço (m)	井戸	ido

| fogão (m) | 窯 | kama |
| atiçar o fogo | 火を炊く | hi wo taku |

| lenha (carvão ou ~) | 薪 | takigi |
| acha (lenha) | 丸太 | maruta |

varanda (f)	ベランダ	beranda
alpendre (m)	テラス	terasu
degraus (m pl) de entrada	入り口の階段	irikuchi no kaidan
balouço (m)	ブランコ	buranko

86. Castelo. Palácio

castelo (m)	城	shiro
palácio (m)	宮殿	kyūden
fortaleza (f)	要塞	yōsai

muralha (f)	城壁	jōheki
torre (f)	塔	tō
calabouço (m)	天守閣	tenshukaku

grade (f) levadiça	落とし格子	otoshi gōshi
passagem (f) subterrânea	地下道	chikadō
fosso (m)	堀	hori

| corrente, cadeia (f) | 鎖 | kusari |
| seteira (f) | 矢狭間 | ya hazama |

| magnífico | 華麗な | karei na |
| majestoso | 壮大な | sōdai na |

| inexpugnável | 難攻不落の | nankōfuraku no |
| medieval | 中世の | chūsei no |

87. Apartamento

apartamento (m)	アパート	apāto
quarto (m)	部屋	heya
quarto (m) de dormir	寝室	shinshitsu
sala (f) de jantar	食堂	shokudō
sala (f) de estar	居間	ima
escritório (m)	書斎	shosai
antessala (f)	玄関	genkan
quarto (m) de banho	浴室	yokushitsu
toilette (lavabo)	トイレ	toire
teto (m)	天井	tenjō
chão, soalho (m)	床	yuka
canto (m)	隅	sumi

88. Apartamento. Limpeza

arrumar, limpar (vt)	掃除する	sōji suru
guardar (no armário, etc.)	しまう	shimau
pó (m)	ほこり	hokori
empoeirado	ほこりっぽい	hokori ppoi
limpar o pó	ほこりを払う	hokori wo harau
aspirador (m)	掃除機	sōji ki
aspirar (vt)	掃除機をかける	sōji ki wo kakeru
varrer (vt)	掃く	haku
sujeira (f)	ごみ	gomi
arrumação (f), ordem (f)	整頓	seiton
desordem (f)	散らかっていること	chirakatte iru koto
esfregão (m)	モップ	moppu
pano (m), trapo (m)	ダストクロス	dasuto kurosu
vassoura (f)	ほうき	hōki
pá (f) de lixo	ちりとり	chiritori

89. Mobiliário. Interior

mobiliário (m)	家具	kagu
mesa (f)	テーブル	tēburu
cadeira (f)	椅子	isu
cama (f)	ベッド	beddo
divã (m)	ソファ	sofa
cadeirão (m)	肘掛け椅子	hijikake isu
estante (f)	書棚	shodana
prateleira (f)	棚	tana
guarda-vestidos (m)	ワードローブ	wādo rōbu
cabide (m) de parede	ウォールハンガー	wōru hangā

cabide (m) de pé	コートスタンド	kōto sutando
cómoda (f)	チェスト	chesuto
mesinha (f) de centro	コーヒーテーブル	kōhī tēburu

espelho (m)	鏡	kagami
tapete (m)	カーペット	kāpetto
tapete (m) pequeno	マット	matto

lareira (f)	暖炉	danro
vela (f)	ろうそく	rōsoku
castiçal (m)	ろうそく立て	rōsoku date

cortinas (f pl)	カーテン	kāten
papel (m) de parede	壁紙	kabegami
estores (f pl)	ブラインド	buraindo

candeeiro (m) de mesa	テーブルランプ	tēburu ranpu
candeeiro (m) de parede	ウォールランプ	wōru ranpu
candeeiro (m) de pé	フロアスタンド	furoa sutando
lustre (m)	シャンデリア	shanderia

pé (de mesa, etc.)	脚	ashi
braço (m)	肘掛け	hijikake
costas (f pl)	背もたれ	semotare
gaveta (f)	引き出し	hikidashi

90. Quarto de dormir

roupa (f) de cama	寝具	shingu
almofada (f)	枕	makura
fronha (f)	枕カバー	makura kabā
cobertor (m)	毛布	mōfu
lençol (m)	シーツ	shītsu
colcha (f)	ベッドカバー	beddo kabā

91. Cozinha

cozinha (f)	台所	daidokoro
gás (m)	ガス	gasu
fogão (m) a gás	ガスコンロ	gasu konro
fogão (m) elétrico	電気コンロ	denki konro
forno (m)	オーブン	ōbun
forno (m) de micro-ondas	電子レンジ	denshi renji

frigorífico (m)	冷蔵庫	reizōko
congelador (m)	冷凍庫	reitōko
máquina (f) de lavar louça	食器洗い機	shokkiarai ki

moedor (m) de carne	肉挽き器	niku hiki ki
espremedor (m)	ジューサー	jūsā
torradeira (f)	トースター	tōsutā
batedeira (f)	ハンドミキサー	hando mikisā

máquina (f) de café	コーヒーメーカー	kōhī mēkā
cafeteira (f)	コーヒーポット	kōhī potto
moinho (m) de café	コーヒーグラインダー	kōhī guraindā
chaleira (f)	やかん	yakan
bule (m)	急須	kyūsu
tampa (f)	蓋［ふた］	futa
coador (m) de chá	茶漉し	chakoshi
colher (f)	さじ［匙］	saji
colher (f) de chá	茶さじ	cha saji
colher (f) de sopa	大さじ［大匙］	ōsaji
garfo (m)	フォーク	fōku
faca (f)	ナイフ	naifu
louça (f)	食器	shokki
prato (m)	皿	sara
pires (m)	ソーサー	sōsā
cálice (m)	ショットグラス	shotto gurasu
copo (m)	コップ	koppu
chávena (f)	カップ	kappu
açucareiro (m)	砂糖入れ	satō ire
saleiro (m)	塩入れ	shio ire
pimenteiro (m)	胡椒入れ	koshō ire
manteigueira (f)	バター皿	batā zara
panela, caçarola (f)	両手鍋	ryō tenabe
frigideira (f)	フライパン	furaipan
concha (f)	おたま	o tama
passador (m)	水切りボール	mizukiri bōru
bandeja (f)	配膳盆	haizen bon
garrafa (f)	ボトル	botoru
boião (m) de vidro	ジャー、瓶	jā, bin
lata (f)	缶	kan
abre-garrafas (m)	栓抜き	sen nuki
abre-latas (m)	缶切り	kankiri
saca-rolhas (m)	コルク抜き	koruku nuki
filtro (m)	フィルター	firutā
filtrar (vt)	フィルターにかける	firutā ni kakeru
lixo (m)	ゴミ［ごみ］	gomi
balde (m) do lixo	ゴミ箱	gomibako

92. Casa de banho

quarto (m) de banho	浴室	yokushitsu
água (f)	水	mizu
torneira (f)	蛇口	jaguchi
água (f) quente	温水	onsui
água (f) fria	冷水	reisui

pasta (f) de dentes	歯磨き粉	hamigakiko
escovar os dentes	歯を磨く	ha wo migaku
escova (f) de dentes	歯ブラシ	haburashi

barbear-se (vr)	ひげを削る	hige wo soru
espuma (f) de barbear	シェービングフォーム	shēbingu fōmu
máquina (f) de barbear	剃刀	kamisori

lavar (vt)	洗う	arau
lavar-se (vr)	風呂に入る	furo ni hairu
duche (m)	シャワー	shawā
tomar um duche	シャワーを浴びる	shawā wo abiru

banheira (f)	浴槽	yokusō
sanita (f)	トイレ、便器	toire, benki
lavatório (m)	洗面台	senmen dai

| sabonete (m) | 石鹸 | sekken |
| saboneteira (f) | 石鹸皿 | sekken zara |

esponja (f)	スポンジ	suponji
champô (m)	シャンプー	shanpū
toalha (f)	タオル	taoru
roupão (m) de banho	バスローブ	basurōbu

lavagem (f)	洗濯	sentaku
máquina (f) de lavar	洗濯機	sentaku ki
lavar a roupa	洗濯する	sentaku suru
detergente (m)	洗剤	senzai

93. Eletrodomésticos

televisor (m)	テレビ	terebi
gravador (m)	テープレコーダー	tēpurekōdā
videogravador (m)	ビデオ	bideo
rádio (m)	ラジオ	rajio
leitor (m)	プレーヤー	purēyā

projetor (m)	ビデオプロジェクター	bideo purojekutā
cinema (m) em casa	ホームシアター	hōmu shiatā
leitor (m) de DVD	DVDプレーヤー	dībuidī purēyā
amplificador (m)	アンプ	anpu
console (f) de jogos	ゲーム機	gēmu ki

câmara (f) de vídeo	ビデオカメラ	bideo kamera
máquina (f) fotográfica	カメラ	kamera
câmara (f) digital	デジタルカメラ	dejitaru kamera

aspirador (m)	掃除機	sōji ki
ferro (m) de engomar	アイロン	airon
tábua (f) de engomar	アイロン台	airondai

| telefone (m) | 電話 | denwa |
| telemóvel (m) | 携帯電話 | keitai denwa |

máquina (f) de escrever	タイプライター	taipuraitã
máquina (f) de costura	ミシン	mishin

microfone (m)	マイクロフォン	maikurofon
auscultadores (m pl)	ヘッドホン	heddohon
controlo remoto (m)	リモコン	rimokon

CD (m)	CD (シーディー)	shīdī
cassete (f)	カセットテープ	kasettotēpu
disco (m) de vinil	レコード	rekōdo

94. Reparações. Renovação

renovação (f)	リフォーム	rifōmu
renovar (vt), fazer obras	リフォームする	rifōmu suru
reparar (vt)	修理する	shūri suru
consertar (vt)	整頓する	seiton suru
refazer (vt)	やり直す	yarinaosu

tinta (f)	塗料	toryō
pintar (vt)	塗る	nuru
pintor (m)	ペンキ屋	penki ya
pincel (m)	はけ［刷毛］	hake

cal (f)	しっくい	shikkui
caiar (vt)	しっくいを塗る	shikkui wo nuru

papel (m) de parede	壁紙	kabegami
colocar papel de parede	壁紙を貼る	kabegami wo haru
verniz (m)	ニス	nisu
envernizar (vt)	ニスを塗る	nisu wo nuru

95. Canalizações

água (f)	水	mizu
água (f) quente	温水	onsui
água (f) fria	冷水	reisui
torneira (f)	蛇口	jaguchi

gota (f)	一滴	itteki
gotejar (vi)	ポタポタと落ちる	potapota to ochiru
vazar (vt)	漏れる	moreru
vazamento (m)	漏れ	more
poça (f)	水溜り	mizutamari

tubo (m)	管	kan
válvula (f)	バルブ	barubu
entupir-se (vr)	詰まっている	tsumatte iru

ferramentas (f pl)	工具	kōgu
chave (f) inglesa	モンキーレンチ	monkī renchi
desenroscar (vt)	緩める	yurumeru

enroscar (vt)	締める	shimeru
desentupir (vt)	詰まりを取る	tsumari wo toru
canalizador (m)	配管工	haikan kō
cave (f)	地下室	chika shitsu
sistema (m) de esgotos	下水道	gesuidō

96. Fogo. Deflagração

incêndio (m)	火	hi
chama (f)	炎	honoo
faísca (f)	火花	hibana
fumo (m)	煙	kemuri
tocha (f)	たいまつ［松明］	taimatsu
fogueira (f)	焚火	takibi

gasolina (f)	ガソリン	gasorin
querosene (m)	灯油	tōyu
inflamável	可燃性の	kanen sei no
explosivo	爆発性の	bakuhatsu sei no
PROIBIDO FUMAR!	禁煙	kinen

segurança (f)	安全性	anzen sei
perigo (m)	危険	kiken
perigoso	危険な	kiken na

incendiar-se (vr)	火がつく	higatsuku
explosão (f)	爆発	bakuhatsu
incendiar (vt)	放火する	hōka suru
incendiário (m)	放火犯人	hōka hannin
incêndio (m) criminoso	放火	hōka

arder (vi)	燃え盛る	moesakaru
queimar (vi)	燃える	moeru
queimar tudo (vi)	焼き尽くす	yakitsukusu

chamar os bombeiros	消防署に電話する	shōbōsho ni denwasuru
bombeiro (m)	消防士	shōbō shi
carro (m) de bombeiros	消防車	shōbōsha
corpo (m) de bombeiros	消防署	shōbō sho
escada (f) extensível	屈折はしご	kussetsu hashigo

mangueira (f)	消防用ホース	shōbō yō hōsu
extintor (m)	消火器	shōka ki
capacete (m)	ヘルメット	herumetto
sirene (f)	サイレン	sairen

gritar (vi)	叫ぶ	sakebu
chamar por socorro	助けを求める	tasuke wo motomeru
salvador (m)	救助員	kyūjo in
salvar, resgatar (vt)	救助する	kyūjo suru

chegar (vi)	到着する	tōchaku suru
apagar (vt)	火を消す	hi wo kesu
água (f)	水	mizu

areia (f)	砂	suna
ruínas (f pl)	焼け跡	yakeato
ruir (vi)	崩壊する	hōkai suru
desmoronar (vi)	崩れ落ちる	kuzureochiru
desabar (vi)	崩れる	kuzureru
fragmento (m)	残骸の破片	zangai no hahen
cinza (f)	灰	hai
sufocar (vi)	窒息死する	chissokushi suru
perecer (vi)	枯れる	kareru

ATIVIDADES HUMANAS

Emprego. Negócios. Parte 1

97. Banca

banco (m)	銀行	ginkō
sucursal, balcão (f)	支店	shiten
consultor (m)	銀行員	ginkōin
gerente (m)	長	chō
conta (f)	口座	kōza
número (m) da conta	口座番号	kōza bangō
conta (f) corrente	当座預金口座	tōza yokin kōza
conta (f) poupança	貯蓄預金口座	chochiku yokin kōza
abrir uma conta	口座を開く	kōza wo hiraku
fechar uma conta	口座を解約する	kōza wo kaiyaku suru
depositar na conta	口座に預金する	kōza ni yokin suru
levantar (vt)	引き出す	hikidasu
depósito (m)	預金	yokin
fazer um depósito	預金する	yokin suru
transferência (f) bancária	送金	sōkin
transferir (vt)	送金する	sōkin suru
soma (f)	合計金額	gōkei kingaku
Quanto?	いくら?	ikura?
assinatura (f)	署名	shomei
assinar (vt)	署名する	shomei suru
cartão (m) de crédito	クレジットカード	kurejitto kādo
código (m)	コード	kōdo
número (m) do cartão de crédito	クレジットカード番号	kurejitto kādo bangō
Caixa Multibanco (m)	ATM	ētīemu
cheque (m)	小切手	kogitte
passar um cheque	小切手を書く	kogitte wo kaku
livro (m) de cheques	小切手帳	kogitte chō
empréstimo (m)	融資	yūshi
pedir um empréstimo	融資を申し込む	yūshi wo mōshikomu
obter um empréstimo	融資を受ける	yūshi wo ukeru
conceder um empréstimo	融資を行う	yūshi wo okonau
garantia (f)	保障	hoshō

98. Telefone. Conversação telefónica

telefone (m)	電話	denwa
telemóvel (m)	携帯電話	keitai denwa
secretária (f) electrónica	留守番電話	rusuban denwa

| fazer uma chamada | 電話する | denwa suru |
| chamada (f) | 電話 | denwa |

marcar um número	電話番号をダイアルする	denwa bangō wo daiaru suru
Alô!	もしもし	moshimoshi
perguntar (vt)	問う	tō
responder (vt)	出る	deru

ouvir (vt)	聞く	kiku
bem	良く	yoku
mal	良くない	yoku nai
ruído (m)	電波障害	denpa shōgai

auscultador (m)	受話器	juwaki
pegar o telefone	電話に出る	denwa ni deru
desligar (vi)	電話を切る	denwa wo kiru

ocupado	話し中	hanashi chū
tocar (vi)	鳴る	naru
lista (f) telefónica	電話帳	denwa chō

local	市内の	shinai no
chamada (f) local	市内電話	shinai denwa
de longa distância	市外の	shigai no
chamada (f) de longa distância	市外電話	shigai denwa
internacional	国際の	kokusai no
chamada (f) internacional	国際電話	kokusai denwa

99. Telefone móvel

telemóvel (m)	携帯電話	keitai denwa
ecrã (m)	ディスプレイ	disupurei
botão (m)	ボタン	botan
cartão SIM (m)	SIMカード	shimu kādo

bateria (f)	電池	denchi
descarregar-se	切れる	kireru
carregador (m)	充電器	jūden ki

menu (m)	メニュー	menyū
definições (f pl)	設定	settei
melodia (f)	メロディー	merodī
escolher (vt)	選択する	sentaku suru

| calculadora (f) | 電卓 | dentaku |
| correio (m) de voz | ボイスメール | boisu mēru |

despertador (m) 目覚まし mezamashi
contatos (m pl) 連絡先 renraku saki

mensagem (f) de texto テキストメッセージ tekisuto messēji
assinante (m) 加入者 kanyū sha

100. Estacionário

caneta (f) ボールペン bōrupen
caneta (f) tinteiro 万年筆 mannenhitsu

lápis (m) 鉛筆 enpitsu
marcador (m) 蛍光ペン keikō pen
caneta (f) de feltro フェルトペン feruto pen

bloco (m) de notas メモ帳 memo chō
agenda (f) 手帳 techō

régua (f) 定規 jōgi
calculadora (f) 電卓 dentaku
borracha (f) 消しゴム keshigomu
pionés (m) 画鋲 gabyō
clipe (m) ゼムクリップ zemu kurippu

cola (f) 糊 nori
agrafador (m) ホッチキス hocchikisu
furador (m) パンチ panchi
afia-lápis (m) 鉛筆削り enpitsu kezuri

Emprego. Negócios. Parte 2

101. Media

jornal (m)	新聞	shinbun
revista (f)	雑誌	zasshi
imprensa (f)	報道機関	hōdō kikan
rádio (m)	ラジオ	rajio
estação (f) de rádio	ラジオ局	rajio kyoku
televisão (f)	テレビ	terebi
apresentador (m)	アンカーマン	ankāman
locutor (m)	ニュースキャスター	nyūsu kyasutā
comentador (m)	コメンテーター	komentētā
jornalista (m)	記者	kisha
correspondente (m)	特派員	tokuhain
repórter (m) fotográfico	新聞カメラマン	shinbun kameraman
repórter (m)	取材記者	shuzai kisha
redator (m)	編集者	henshū sha
redator-chefe (m)	編集長	henshū chō
assinar a ...	予約購読する	yoyaku kōdoku suru
assinatura (f)	予約購読	yoyaku kōdoku
assinante (m)	購読者	kōdoku sha
ler (vt)	読む	yomu
leitor (m)	読者	dokusha
tiragem (f)	発行部数	hakkō busū
mensal	毎月の	maitsuki no
semanal	毎週の	maishū no
número (jornal, revista)	号	gō
recente	最新の	saishin no
manchete (f)	大見出し	dai midashi
pequeno artigo (m)	短い記事	mijikai kiji
coluna (~ semanal)	欄	ran
artigo (m)	記事	kiji
página (f)	頁	pēji
reportagem (f)	報告	hōkoku
evento (m)	出来事	dekigoto
sensação (f)	センセーション	sensēshon
escândalo (m)	スキャンダル	sukyandaru
escandaloso	スキャンダラスな	sukyandarasu na
grande	大きな	ōkina
programa (m) de TV	番組	bangumi
entrevista (f)	インタビュー	intabyū

| transmissão (f) em direto | 生放送 | namahōsō |
| canal (m) | チャンネル | channeru |

102. Agricultura

agricultura (f)	農業	nōgyō
camponês (m)	小作人	kosaku jin
camponesa (f)	女小作人	jo kosaku jin
agricultor (m)	農業経営者	nōgyō keiei sha

| trator (m) | トラクター | torakutā |
| ceifeira-debulhadora (f) | ハーベスター | hābesutā |

arado (m)	ブラウ	purau
arar (vt)	耕す	tagayasu
campo (m) lavrado	耕地	kōchi
rego (m)	畝間	unema

semear (vt)	種をまく	tane wo maku
semeadora (f)	種まき機	tanemaki ki
semeadura (f)	種まき	tanemaki

| gadanha (f) | 大鎌 | ōgama |
| gadanhar (vt) | 大鎌で刈る | ōgama de karu |

| pá (f) | シャベル | shaberu |
| cavar (vt) | 掘る | horu |

enxada (f)	くわ［鍬］	kuwa
carpir (vt)	くわで掘る	kuwa de horu
erva (f) daninha	雑草	zassō

regador (m)	じょうろ	jōro
regar (vt)	水をやる	mizu wo yaru
rega (f)	水やり	mizu yari

| forquilha (f) | ピッチフォーク | picchi fōku |
| ancinho (m) | 熊手 | kumade |

fertilizante (m)	肥料	hiryō
fertilizar (vt)	肥やす	koyasu
estrume (m)	肥やし	koyashi

campo (m)	畑	hatake
prado (m)	草原	sōgen
horta (f)	菜園	saien
pomar (m)	果樹園	kaju en

pastar (vt)	放牧する	hōboku suru
pastor (m)	牧夫	bokufu
pastagem (f)	牧草地	bokusō chi

| pecuária (f) | 牧畜 | bokuchiku |
| criação (f) de ovelhas | 牧羊 | bokuyō |

plantação (f)	プランテーション	purantēshon
canteiro (m)	畝	une
invernadouro (m)	ビニールハウス	binīru hausu

| seca (f) | 干ばつ | kanbatsu |
| seco (verão ~) | 干ばつの | kanbatsu no |

cereal (m)	穀物	kokumotsu
cereais (m pl)	禾穀類	kakokurui
colher (vt)	収穫する	shūkaku suru

moleiro (m)	製粉業者	seifun gyōsha
moinho (m)	製粉所	seifun sho
moer (vt)	挽く	hiku
farinha (f)	小麦粉	komugiko
palha (f)	わら [藁]	wara

103. Construção. Processo de construção

canteiro (m) de obras	建設現場	kensetsu genba
construir (vt)	建設する	kensetsu suru
construtor (m)	建設作業員	kensetsu sagyō in

projeto (m)	プロジェクト	purojekuto
arquiteto (m)	建築士	kenchiku shi
operário (m)	労働者	rōdō sha

fundação (f)	基礎	kiso
telhado (m)	屋根	yane
estaca (f)	基礎杭	kiso kui
parede (f)	壁	kabe

| varões (m pl) para betão | 鉄筋 | tekkin |
| andaime (m) | 足場 | ashiba |

betão (m)	コンクリート	konkurīto
granito (m)	花崗岩	kakōgan
pedra (f)	石	ishi
tijolo (m)	煉瓦	renga

areia (f)	砂	suna
cimento (m)	セメント	semento
emboço (m)	しっくい	shikkui
emboçar (vt)	しっくいを塗る	shikkui wo nuru

tinta (f)	塗料	toryō
pintar (vt)	塗る	nuru
barril (m)	樽	taru

grua (f), guindaste (m)	クレーン、起重機	kurēn, kijūki
erguer (vt)	上げる	ageru
baixar (vt)	下げる	sageru
buldózer (m)	ブルドーザー	burudōzā
escavadora (f)	バックホー	bakkuhō

caçamba (f)	バケット	baketto
escavar (vt)	掘る	horu
capacete (m) de proteção	安全ヘルメット	anzen herumetto

Profissões e ocupações

104. Procura de emprego. Demissão

trabalho (m)	仕事	shigoto
equipa (f)	部員	buin
pessoal (m)	従業員	jyūgyōin
carreira (f)	職歴	shokureki
perspetivas (f pl)	見通し	mitōshi
mestria (f)	専門技術	senmon gijutsu
seleção (f)	選考	senkō
agência (f) de emprego	職業紹介所	shokugyō shōkai sho
CV, currículo (m)	履歴書	rireki sho
entrevista (f) de emprego	面接	mensetsu
vaga (f)	欠員	ketsuin
salário (m)	給料	kyūryō
salário (m) fixo	固定給	kotei kyū
pagamento (m)	給与	kyūyo
posto (m)	地位	chī
dever (do empregado)	職務	shokumu
gama (f) de deveres	職務範囲	shokumu hani
ocupado	忙しい	isogashī
despedir, demitir (vt)	解雇する	kaiko suru
demissão (f)	解雇	kaiko
desemprego (m)	失業	shitsugyō
desempregado (m)	失業者	shitsugyō sha
reforma (f)	退職	taishoku
reformar-se	退職する	taishoku suru

105. Gente de negócios

diretor (m)	責任者	sekinin sha
gerente (m)	管理者	kanri sha
patrão, chefe (m)	ボス	bosu
superior (m)	上司	jōshi
superiores (m pl)	上司	jōshi
presidente (m)	社長	shachō
presidente (m) de direção	会長	kaichō
substituto (m)	副部長	fuku buchō
assistente (m)	助手	joshu

secretário (m)	秘書	hisho
secretário (m) pessoal	個人秘書	kojin hisho
homem (m) de negócios	ビジネスマン	bijinesuman
empresário (m)	企業家	kigyō ka
fundador (m)	創立者	sōritsu sha
fundar (vt)	創立する	sōritsu suru
fundador, sócio (m)	共同出資者	kyōdō shusshi sha
parceiro, sócio (m)	パートナー	pātonā
acionista (m)	株主	kabunushi
milionário (m)	百万長者	hyakuman chōja
bilionário (m)	億万長者	okuman chōja
proprietário (m)	経営者	keieisha
proprietário (m) de terras	土地所有者	tochi shoyū sha
cliente (m)	クライアント	kuraianto
cliente (m) habitual	常連客	jōren kyaku
comprador (m)	買い手	kaite
visitante (m)	来客	raikyaku
profissional (m)	熟練者	jukuren sha
perito (m)	エキスパート	ekisupāto
especialista (m)	専門家	senmon ka
banqueiro (m)	銀行家	ginkō ka
corretor (m)	仲買人	nakagainin
caixa (m, f)	レジ係	reji gakari
contabilista (m)	会計士	kaikeishi
guarda (m)	警備員	keibi in
investidor (m)	投資者	tōshi sha
devedor (m)	債務者	saimu sha
credor (m)	債権者	saiken sha
mutuário (m)	借り主	karinushi
importador (m)	輸入業者	yunyū gyōsha
exportador (m)	輸出業者	yushutsu gyōsha
produtor (m)	メーカー	mēkā
distribuidor (m)	代理店	dairi ten
intermediário (m)	中間業者	chūkan gyōsha
consultor (m)	コンサルタント	konsarutanto
representante (m)	販売外交員	hanbai gaikōin
agente (m)	代理人	dairinin
agente (m) de seguros	保険代理人	hoken dairinin

106. Profissões de serviços

cozinheiro (m)	料理人	ryōri jin
cozinheiro chefe (m)	シェフ	shefu

padeiro (m)	パン職人	pan shokunin
barman (m)	バーテンダー	bātendā
empregado (m) de mesa	ウェイター	weitā
empregada (f) de mesa	ウェートレス	wētoresu

advogado (m)	弁護士	bengoshi
jurista (m)	法律顧問	hōritsu komon
notário (m)	公証人	kōshō nin

eletricista (m)	電気工事士	denki kōji shi
canalizador (m)	配管工	haikan kō
carpinteiro (m)	大工	daiku

massagista (m)	マッサージ師	massāji shi
massagista (f)	女性マッサージ師	josei massāji shi
médico (m)	医者	isha

taxista (m)	タクシーの運転手	takushī no unten shu
condutor (automobilista)	運転手	unten shu
entregador (m)	宅配業者	takuhai gyōsha

camareira (f)	客室係	kyakushitsu gakari
guarda (m)	警備員	keibi in
hospedeira (f) de bordo	客室乗務員	kyakushitsu jōmu in

professor (m)	教師	kyōshi
bibliotecário (m)	図書館員	toshokan in
tradutor (m)	翻訳者	honyaku sha
intérprete (m)	通訳者	tsūyaku sha
guia (pessoa)	ガイド	gaido

cabeleireiro (m)	美容師	biyō shi
carteiro (m)	郵便配達人	yūbin haitatsu jin
vendedor (m)	店員	tenin

jardineiro (m)	庭師	niwashi
criado (m)	使用人	shiyōnin
criada (f)	メイド	meido
empregada (f) de limpeza	掃除婦	sōjifu

107. Profissões militares e postos

soldado (m) raso	二等兵	nitōhei
sargento (m)	軍曹	gunsō
tenente (m)	中尉	chūi
capitão (m)	大尉	taī

major (m)	少佐	shōsa
coronel (m)	大佐	taisa
general (m)	将官	shōkan
marechal (m)	元帥	gensui
almirante (m)	提督	teitoku
militar (m)	軍人	gunjin
soldado (m)	兵士	heishi

| oficial (m) | 士官 | shikan |
| comandante (m) | 指揮官 | shiki kan |

guarda (m) fronteiriço	国境警備兵	kokkyō keibi hei
operador (m) de rádio	通信士	tsūshin shi
explorador (m)	斥候	sekkō
sapador (m)	工兵	kōhei
atirador (m)	射手	shashu
navegador (m)	航空士	kōkū shi

108. Oficiais. Padres

| rei (m) | 国王 | kokuō |
| rainha (f) | 女王 | joō |

| príncipe (m) | 王子 | ōji |
| princesa (f) | 王妃 | ōhi |

| czar (m) | ツァーリ | tsāri |
| czarina (f) | 女帝 | nyotei |

presidente (m)	大統領	daitōryō
ministro (m)	長官	chōkan
primeiro-ministro (m)	首相	shushō
senador (m)	上院議員	jōin gīn

diplomata (m)	外交官	gaikō kan
cônsul (m)	領事	ryōji
embaixador (m)	大使	taishi
conselheiro (m)	顧問	komon

funcionário (m)	公務員	kōmuin
prefeito (m)	知事	chiji
Presidente (m) da Câmara	市長	shichō

| juiz (m) | 裁判官 | saibankan |
| procurador (m) | 検察官 | kensatsukan |

missionário (m)	宣教師	senkyōshi
monge (m)	修道士	shūdō shi
abade (m)	修道院長	shūdōin chō
rabino (m)	ラビ	rabi

vizir (m)	ワズィール	wazīru
xá (m)	シャー	shā
xeque (m)	シャイフ	shaifu

109. Profissões agrícolas

apicultor (m)	養蜂家	yōhōka
pastor (m)	牛飼い	ushikai
agrónomo (m)	農学者	nōgaku sha

| criador (m) de gado | 牧畜業者 | bokuchiku gyōsha |
| veterinário (m) | 獣医 | jūi |

agricultor (m)	農業経営者	nōgyō keiei sha
vinicultor (m)	ワイン生産者	wain seisan sha
zoólogo (m)	動物学者	dōbutsu gakusha
cowboy (m)	カウボーイ	kaubōi

110. Profissões artísticas

| ator (m) | 俳優 | haiyū |
| atriz (f) | 女優 | joyū |

| cantor (m) | 歌手 | kashu |
| cantora (f) | 歌手 | kashu |

| bailarino (m) | ダンサー | dansā |
| bailarina (f) | ダンサー | dansā |

| artista (m) | 芸能人 | geinōjin |
| artista (f) | 芸能人 | geinōjin |

músico (m)	音楽家	ongakuka
pianista (m)	ピアニスト	pianisuto
guitarrista (m)	ギターリスト	gitā risuto

maestro (m)	指揮者	shiki sha
compositor (m)	作曲家	sakkyoku ka
empresário (m)	マネージャー	manējā

realizador (m)	映画監督	eiga kantoku
produtor (m)	プロデューサー	purodyūsā
argumentista (m)	台本作家	daihon sakka
crítico (m)	評論家	hyōron ka

escritor (m)	作家	sakka
poeta (m)	詩人	shijin
escultor (m)	彫刻家	chōkoku ka
pintor (m)	画家	gaka

malabarista (m)	手品師	tejina shi
palhaço (m)	道化師	dōkeshi
acrobata (m)	曲芸師	kyokugei shi
mágico (m)	手品師	tejina shi

111. Várias profissões

médico (m)	医者	isha
enfermeira (f)	看護師	kangoshi
psiquiatra (m)	精神科医	seishin kai
estomatologista (m)	歯科医	shikai
cirurgião (m)	外科医	gekai

astronauta (m)	宇宙飛行士	uchū hikō shi
astrónomo (m)	天文学者	tenmongaku sha
piloto (m)	パイロット	pairotto
motorista (m)	運転手	unten shu
maquinista (m)	機関士	kikan shi
mecânico (m)	修理士	shūri shi
mineiro (m)	鉱山労働者	kōzan rōdō sha
operário (m)	労働者	rōdō sha
serralheiro (m)	金工	kinkō
marceneiro (m)	家具大工	kagu daiku
torneiro (m)	旋盤工	senban kō
construtor (m)	建設作業員	kensetsu sagyō in
soldador (m)	溶接工	yōsetsu kō
professor (m) catedrático	教授	kyōju
arquiteto (m)	建築士	kenchiku shi
historiador (m)	歴史家	rekishi ka
cientista (m)	科学者	kagaku sha
físico (m)	物理学者	butsuri gakusha
químico (m)	化学者	kagaku sha
arqueólogo (m)	考古学者	kōkogakusha
geólogo (m)	地質学者	chishitsu gakusha
pesquisador (cientista)	研究者	kenkyū sha
babysitter (f)	ベビーシッター	bebīshittā
professor (m)	教育者	kyōiku sha
redator (m)	編集者	henshū sha
redator-chefe (m)	編集長	henshū chō
correspondente (m)	特派員	tokuhain
datilógrafa (f)	タイピスト	taipisuto
designer (m)	デザイナー	dezainā
especialista (m) em informática	コンピュータ専門家	konpyūta senmon ka
programador (m)	プログラマー	puroguramā
engenheiro (m)	技師	gishi
marujo (m)	水夫	suifu
marinheiro (m)	船員	senin
salvador (m)	救助員	kyūjo in
bombeiro (m)	消防士	shōbō shi
polícia (m)	警官	keikan
guarda-noturno (m)	警備員	keibi in
detetive (m)	探偵	tantei
funcionário (m) da alfândega	税関吏	zeikanri
guarda-costas (m)	ボディーガード	bodīgādo
guarda (m) prisional	刑務官	keimu kan
inspetor (m)	検査官	kensakan
desportista (m)	スポーツマン	supōtsuman
treinador (m)	トレーナー	torēnā

talhante (m) 肉屋 nikuya
sapateiro (m) 靴修理屋 kutsu shūri ya
comerciante (m) 商人 shōnin
carregador (m) 荷役作業員 niyakusa gyōin

estilista (m) ファッションデザイナー fasshon dezainā
modelo (f) モデル moderu

112. Ocupações. Estatuto social

aluno, escolar (m) 男子生徒 danshi seito
estudante (~ universitária) 学生 gakusei

filósofo (m) 哲学者 tetsu gakusha
economista (m) 経済学者 keizai gakusha
inventor (m) 発明者 hatsumei sha

desempregado (m) 失業者 shitsugyō sha
reformado (m) 退職者 taishoku sha
espião (m) スパイ supai

preso (m) 囚人 shūjin
grevista (m) ストライキをする人 sutoraiki wo suru hito
burocrata (m) 官僚主義者 kanryō shugi sha
viajante (m) 旅行者 ryokō sha

homossexual (m) 同性愛者 dōseiai sha
hacker (m) ハッカー hakkā
hippie ヒッピー hippī

bandido (m) 山賊 sanzoku
assassino (m) a soldo 殺し屋 koroshi ya
toxicodependente (m) 麻薬中毒者 mayaku chūdoku sha
traficante (m) 麻薬の売人 mayaku no bainin
prostituta (f) 売春婦 baishun fu
chulo (m) ポン引き pon biki

bruxo (m) 魔法使い mahōtsukai
bruxa (f) 女魔法使い jo mahōtsukai
pirata (m) 海賊 kaizoku
escravo (m) 奴隷 dorei
samurai (m) 侍、武士 samurai, bushi
selvagem (m) 未開人 mikai jin

Desportos

113. Tipos de desportos. Desportistas

desportista (m)	スポーツマン	supōtsuman
tipo (m) de desporto	スポーツの種類	supōtsu no shurui
basquetebol (m)	バスケットボール	basukettobōru
jogador (m) de basquetebol	バスケットボール選手	basukettobōru senshu
beisebol (m)	野球	yakyū
jogador (m) de beisebol	野球選手	yakyū senshu
futebol (m)	サッカー	sakkā
futebolista (m)	サッカー選手	sakkā senshu
guarda-redes (m)	ゴールキーパー	gōrukīpā
hóquei (m)	アイスホッケー	aisuhokkē
jogador (m) de hóquei	アイスホッケー選手	aisuhokkē senshu
voleibol (m)	バレーボール	barēbōru
jogador (m) de voleibol	バレーボール選手	barēbōru senshu
boxe (m)	ボクシング	bokushingu
boxeador, pugilista (m)	ボクサー	bokusā
luta (f)	レスリング	resuringu
lutador (m)	レスリング選手	resuringu senshu
karaté (m)	空手	karate
karateca (m)	空手選手	karate senshu
judo (m)	柔道	jūdō
judoca (m)	柔道選手	jūdō senshu
ténis (m)	テニス	tenisu
tenista (m)	テニス選手	tenisu senshu
natação (f)	水泳	suiei
nadador (m)	水泳選手	suiei senshu
esgrima (f)	フェンシング	fenshingu
esgrimista (m)	フェンシング選手	fenshingu senshu
xadrez (m)	チェス	chesu
xadrezista (m)	チェス選手	chesu senshu
alpinismo (m)	登山	tozan
alpinista (m)	登山家	tozan ka
corrida (f)	ランニング	ranningu

corredor (m)	ランナー	rannā
atletismo (m)	陸上競技	rikujō kyōgi
atleta (m)	陸上競技者	rikujō kyōgi sha

| hipismo (m) | 乗馬 | jōba |
| cavaleiro (m) | 乗馬者 | jōba sha |

patinagem (f) artística	フィギュアスケート	figyua sukēto
patinador (m)	フィギュアスケート選手	figyua sukēto senshu
patinadora (f)	フィギュアスケート選手	figyua sukēto senshu

| halterofilismo (m) | 重量挙げ | jūryōage |
| halterofilista (m) | 重量挙げ選手 | jūryōage senshu |

| corrida (f) de carros | カーレース | kā rēsu |
| piloto (m) | カーレーサー | kā rēsā |

| ciclismo (m) | サイクリング | saikuringu |
| ciclista (m) | サイクリスト | saikurisuto |

salto (m) em comprimento	幅跳び	habatobi
salto (m) à vara	棒高跳び	bōtakatobi
atleta (m) de saltos	跳躍選手	chōyaku senshu

114. Tipos de desportos. Diversos

futebol (m) americano	アメリカンフットボール	amerikan futtobōru
badminton (m)	バドミントン	badominton
biatlo (m)	バイアスロン	baiasuron
bilhar (m)	ビリヤード	biriyādo

bobsled (m)	ボブスレー	bobusurē
musculação (f)	ボディビル	bodibiru
polo (m) aquático	水球	suikyū
andebol (m)	ハンドボール	handobōru
golfe (m)	ゴルフ	gorufu

remo (m)	ボートレース	bōtorēsu
mergulho (m)	ダイビング	daibingu
corrida (f) de esqui	クロスカントリースキー	kurosukantorī sukī
ténis (m) de mesa	卓球	takkyū

vela (f)	セーリング	sēringu
rali (m)	ラリー	rarī
râguebi (m)	ラグビー	ragubī
snowboard (m)	スノーボート	sunōbōto
tiro (m) com arco	洋弓	yōkyū

115. Ginásio

| barra (f) | バーベル | bāberu |
| halteres (m pl) | ダンベル | danberu |

aparelho (m) de musculaçao	フィットネスマシン	fittonesu mashin
bicicleta (f) ergométrica	エアロバイク	earo baiku
passadeira (f) de corrida	トレッドミル	toreddomiru

barra (f) fixa	鉄棒	tetsubō
barras (f) paralelas	平行棒	heikōbō
cavalo (m)	跳馬	chōba
tapete (m) de ginástica	マット	matto

corda (f) de saltar	縄跳び	nawatobi
aeróbica (f)	エアロビクス	earobikusu
ioga (f)	ヨガ	yoga

116. Desportos. Diversos

Jogos (m pl) Olímpicos	オリンピック	orinpikku
vencedor (m)	勝利者	shōri sha
vencer (vi)	勝利する	shōri suru
vencer, ganhar (vi)	勝つ	katsu

| líder (m) | リーダー | rīdā |
| liderar (vt) | リードする | rīdo suru |

primeiro lugar (m)	一位	ichi i
segundo lugar (m)	二位	ni i
terceiro lugar (m)	三位	san i

medalha (f)	メダル	medaru
troféu (m)	トロフィー	torofī
taça (f)	賞杯	shōhai
prémio (m)	賞	shō
prémio (m) principal	一等賞	ittō shō

| recorde (m) | 記録 | kiroku |
| estabelecer um recorde | 記録を打ち立てる | kiroku wo uchitateru |

| final (m) | 決勝戦 | kesshō sen |
| final | 決勝の | kesshō no |

| campeão (m) | チャンピオン | chanpion |
| campeonato (m) | 選手権 | senshuken |

estádio (m)	スタジアム	sutajiamu
bancadas (f pl)	観覧席	kanranseki
fã, adepto (m)	ファン	fan
adversário (m)	競争相手	kyōsō aite

| partida (f) | スタート | sutāto |
| chegada, meta (f) | ゴール | gōru |

derrota (f)	負け	make
perder (vt)	負ける	makeru
árbitro (m)	レフェリー	referī
júri (m)	審判団	shinpan dan

resultado (m)	スコア	sukoa
empate (m)	引き分け	hikiwake
empatar (vi)	引き分けになる	hikiwake ni naru
ponto (m)	点	ten
resultado (m) final	得点	tokuten

tempo, período (m)	ピリオド	piriodo
intervalo (m)	ハーフタイム	hāfu taimu
doping (m)	ドーピング	dōpingu
penalizar (vt)	ペナルティーを与える	penarutī wo ataeru
desqualificar (vt)	失格にする	shikkaku ni suru

aparelho (m)	器具	kigu
dardo (m)	やり [槍]	yari
peso (m)	砲丸	hōgan
bola (f)	ボール	bōru

alvo, objetivo (m)	的	mato
alvo (~ de papel)	標的	hyōteki
atirar, disparar (vi)	撃つ	utsu
preciso (tiro ~)	正確な	seikaku na

treinador (m)	トレーナー	torēnā
treinar (vt)	トレーニングする	torēningu suru
treinar-se (vr)	トレーニングする	torēningu suru
treino (m)	トレーニング	torēningu

ginásio (m)	体育館	taīkukan
exercício (m)	運動	undō
aquecimento (m)	ウォーミングアップ	wōminguappu

Educação

117. Escola

| escola (f) | 学校 | gakkō |
| diretor (m) de escola | 校長 | kōchō |

aluno (m)	生徒	seito
aluna (f)	女生徒	jo seito
escolar (m)	男子生徒	danshi seito
escolar (f)	女子生徒	joshi seito

ensinar (vt)	教える	oshieru
aprender (vt)	学ぶ	manabu
aprender de cor	暗記する	anki suru

estudar (vi)	勉強する	benkyō suru
andar na escola	学校に通う	gakkō ni kayō
ir à escola	学校へ行く	gakkō he iku

| alfabeto (m) | アルファベット | arufabetto |
| disciplina (f) | 科目 | kamoku |

sala (f) de aula	教室	kyōshitsu
lição (f)	レッスン	ressun
recreio (m)	休み時間	yasumi jikan
toque (m)	ベル	beru
carteira (f)	学校用机	gakkō yō tsukue
quadro (m) negro	黒板	kokuban

nota (f)	成績	seiseki
boa nota (f)	良い成績	yoi seiseki
nota (f) baixa	悪い成績	warui seiseki
dar uma nota	成績を付ける	seiseki wo tsukeru

erro (m)	間違い	machigai
fazer erros	間違える	machigaeru
corrigir (vt)	直す	naosu
cábula (f)	カンニングペーパー	kanningu pēpā

| dever (m) de casa | 宿題 | shukudai |
| exercício (m) | 練習 | renshū |

estar presente	出席する	shusseki suru
estar ausente	欠席する	kesseki suru
faltar às aulas	学校を休む	gakkō wo yasumu

punir (vt)	罰する	bassuru
punição (f)	罰	batsu
comportamento (m)	行動	kōdō

boletim (m) escolar	通信簿	tsūshin bo
lápis (m)	鉛筆	enpitsu
borracha (f)	消しゴム	keshigomu
giz (m)	チョーク	chōku
estojo (m)	筆箱	fudebako

pasta (f) escolar	通学カバン	tsūgaku kaban
caneta (f)	ペン	pen
caderno (m)	ノート	nōto
manual (m) escolar	教科書	kyōkasho
compasso (m)	コンパス	konpasu

traçar (vt)	製図する	seizu suru
desenho (m) técnico	製図	seizu

poesia (f)	詩	shi
de cor	暗記して	anki shi te
aprender de cor	暗記する	anki suru

férias (f pl)	休暇	kyūka
estar de férias	休暇中である	kyūka chū de aru
passar as férias	休暇を過ごす	kyūka wo sugosu

teste (m)	筆記試験	hikki shiken
composição, redação (f)	論文式試験	ronbun shiki shiken
ditado (m)	書き取り	kakitori
exame (m)	試験	shiken
fazer exame	試験を受ける	shiken wo ukeru
experiência (~ química)	実験	jikken

118. Colégio. Universidade

academia (f)	アカデミー	akademī
universidade (f)	大学	daigaku
faculdade (f)	学部	gakubu

estudante (m)	学生	gakusei
estudante (f)	学生	gakusei
professor (m)	講師	kōshi

sala (f) de palestras	講堂	kōdō
graduado (m)	卒業生	sotsugyōsei

diploma (m)	卒業証書	sotsugyō shōsho
tese (f)	論文	ronbun

estudo (obra)	研究書	kenkyū sho
laboratório (m)	研究室	kenkyū shitsu

palestra (f)	講義	kōgi
colega (m) de curso	同級生	dōkyūsei

bolsa (f) de estudos	奨学金	shōgaku kin
grau (m) académico	学位	gakui

119. Ciências. Disciplinas

matemática (f)	数学	sūgaku
álgebra (f)	代数学	daisūgaku
geometria (f)	幾何学	kikagaku
astronomia (f)	天文学	tenmon gaku
biologia (f)	生物学	seibutsu gaku
geografia (f)	地理学	chiri gaku
geologia (f)	地質学	chishitsu gaku
história (f)	歴史	rekishi
medicina (f)	医学	igaku
pedagogia (f)	教育学	kyōiku gaku
direito (m)	法学	hōgaku
física (f)	物理学	butsuri gaku
química (f)	化学	kagaku
filosofia (f)	哲学	tetsugaku
psicologia (f)	心理学	shinrigaku

120. Sistema de escrita. Ortografia

gramática (f)	文法	bunpō
vocabulário (m)	語彙	goi
fonética (f)	音声学	onseigaku
substantivo (m)	名詞	meishi
adjetivo (m)	形容詞	keiyōshi
verbo (m)	動詞	dōshi
advérbio (m)	副詞	fukushi
pronome (m)	代名詞	daimeishi
interjeição (f)	間投詞	kantōshi
preposição (f)	前置詞	zenchishi
raiz (f) da palavra	語根	gokon
terminação (f)	語尾	gobi
prefixo (m)	接頭辞	settō ji
sílaba (f)	音節	onsetsu
sufixo (m)	接尾辞	setsubi ji
acento (m)	キョウセイ [強勢]	kyōsei
apóstrofo (m)	アポストロフィー	aposutorofī
ponto (m)	句点	kuten
vírgula (f)	コンマ	konma
ponto e vírgula (m)	セミコロン	semikoron
dois pontos (m pl)	コロン	koron
reticências (f pl)	省略	shōrya ku
ponto (m) de interrogação	疑問符	gimon fu
ponto (m) de exclamação	感嘆符	kantan fu

aspas (f pl)	引用符	inyō fu
entre aspas	引用符内	inyō fu nai
parênteses (m pl)	ガッコ（括弧）	gakko
entre parênteses	ガッコ内（括弧内）	kakko nai

hífen (m)	ハイフン	haifun
travessão (m)	ダッシュ	dasshu
espaço (m)	スペース	supēsu

| letra (f) | 文字 | moji |
| letra (f) maiúscula | 大文字 | daimonji |

| vogal (f) | 母音 | boin |
| consoante (f) | 子音 | shīn |

frase (f)	文	bun
sujeito (m)	主語	shugo
predicado (m)	述語	jutsugo

linha (f)	行	gyō
em uma nova linha	新しい行で	atarashī gyō de
parágrafo (m)	段落	danraku

palavra (f)	単語	tango
grupo (m) de palavras	語群	gogun
expressão (f)	表現	hyōgen
sinónimo (m)	同義語	dōgigo
antónimo (m)	対義語	taigigo

regra (f)	規則	kisoku
exceção (f)	例外	reigai
correto	正しい	tadashī

conjugação (f)	活用	katsuyō
declinação (f)	語形変化	gokei henka
caso (m)	名詞格	meishi kaku
pergunta (f)	疑問文	gimon bun
sublinhar (vt)	下線を引く	kasen wo hiku
linha (f) pontilhada	点線	tensen

121. Línguas estrangeiras

língua (f)	言語	gengo
estrangeiro	外国の	gaikoku no
língua (f) estrangeira	外国語	gaikoku go
estudar (vt)	勉強する	benkyō suru
aprender (vt)	学ぶ	manabu

ler (vt)	読む	yomu
falar (vi)	話す	hanasu
compreender (vt)	理解する	rikai suru
escrever (vt)	書く	kaku
rapidamente	速く	hayaku
devagar	ゆっくり	yukkuri

fluentemente	流ちょうに	ryūchō ni
regras (f pl)	規則	kisoku
gramática (f)	文法	bunpō
vocabulário (m)	語彙	goi
fonética (f)	音声学	onseigaku

manual (m) escolar	教科書	kyōkasho
dicionário (m)	辞書	jisho
manual (m) de autoaprendizagem	独習書	dokushū sho
guia (m) de conversação	慣用表現集	kanyō hyōgen shū

cassete (f)	カセットテープ	kasettotēpu
vídeo cassete (m)	ビデオテープ	bideotēpu
CD (m)	ＣＤ（シーディー）	shīdī
DVD (m)	ＤＶＤ［ディーブイディー］	dībuidī

alfabeto (m)	アルファベット	arufabetto
soletrar (vt)	スペリングを言う	superingu wo iu
pronúncia (f)	発音	hatsuon

sotaque (m)	なまり［訛り］	namari
com sotaque	訛りのある	namari no aru
sem sotaque	訛りのない	namari no nai

| palavra (f) | 単語 | tango |
| sentido (m) | 意味 | imi |

cursos (m pl)	講座	kōza
inscrever-se (vr)	申し込む	mōshikomu
professor (m)	先生	sensei

tradução (processo)	翻訳	honyaku
tradução (texto)	訳文	yakubun
tradutor (m)	翻訳者	honyaku sha
intérprete (m)	通訳者	tsūyaku sha

| poliglota (m) | ポリグロット | porigurotto |
| memória (f) | 記憶 | kioku |

122. Personagens de contos de fadas

Pai (m) Natal	サンタクロース	santa kurōsu
Cinderela (f)	シンデレラ	shinderera
sereia (f)	人魚	ningyo
Neptuno (m)	ネプチューン	nepuchun

mago (m)	魔法使い	mahōtsukai
fada (f)	妖精	yōsei
mágico	魔法の	mahō no
varinha (f) mágica	魔法の杖	mahō no tsue

| conto (m) de fadas | 童話 | dōwa |
| milagre (m) | 奇跡 | kiseki |

| anão (m) | 小人 | kodomo |
| transformar-se em … | 変身する | henshin suru |

fantasma (m)	幻影	genei
espetro (m)	幽霊	yūrei
monstro (m)	怪物	kaibutsu
dragão (m)	竜	ryū
gigante (m)	巨人	kyojin

123. Signos do Zodíaco

Carneiro	おひつじ座	o hitsuji za
Touro	おうし座	o ushi za
Gémeos	ふたご座	futa go za
Caranguejo	かに座	kani za
Leão	しし座	shishi za
Virgem (f)	おとめ座	otome za

Balança	てんびん座	ten bin za
Escorpião	さそり座	sasori za
Sagitário	いて座	i te za
Capricórnio	やぎ座	yagi za
Aquário	みずがめ座	mi zu game za
Peixes	うお座	u oza

caráter (m)	性格	seikaku
traços (m pl) do caráter	性格の特徴	seikaku no tokuchō
comportamento (m)	振る舞い	furumai
predizer (vt)	運勢を占う	unsei wo uranau
adivinha (f)	女占い師	jo uranaishi
horóscopo (m)	星占い	hoshi uranai

Artes

124. Teatro

teatro (m)	劇場	gekijō
ópera (f)	オペラ	opera
opereta (f)	オペレッタ	operetta
balé (m)	バレエ	barē

cartaz (m)	演劇ポスター	engeki posutā
companhia (f) teatral	劇団	gekidan
turné (digressão)	巡業	jungyō
estar em turné	巡業する	jungyō suru
ensaiar (vt)	リハーサルをする	rihāsaru wo suru
ensaio (m)	リハーサル	rihāsaru
repertório (m)	レパートリー	repātorī

apresentação (f)	演技	engi
espetáculo (m)	芝居	shibai
peça (f)	演劇	engeki

bilhete (m)	入場券	nyūjō ken
bilheteira (f)	チケット売り場	chiketto uriba
hall (m)	ロビー	robī
guarda-roupa (m)	クロークルーム	kurōku rūmu
senha (f) numerada	クローク札	kurōku satsu
binóculo (m)	双眼鏡	sōgankyō
lanterninha (m)	案内係	annai gakari

plateia (f)	オーケストラ席	ōkesutora seki
balcão (m)	桟敷席	sajiki seki
primeiro balcão (m)	ドレスサークル	doresu sākuru
camarote (m)	ボックス席	bokkusu seki
fila (f)	列	retsu
assento (m)	座席	zaseki

público (m)	観客	kankyaku
espetador (m)	見る人	miru hito
aplaudir (vt)	拍手する	hakushu suru
aplausos (m pl)	拍手	hakushu
ovação (f)	大喝采	dai kassai

palco (m)	舞台	butai
pano (m) de boca	幕	maku
cenário (m)	舞台装置	butai sōchi
bastidores (m pl)	舞台裏	butaiura

cena (f)	場	ba
ato (m)	幕	maku
entreato (m)	幕間	makuai

125. Cinema

ator (m)	俳優	haiyū
atriz (f)	女優	joyū
cinema (m)	映画	eiga
filme (m)	映画	eiga
episódio (m)	エピソード	episōdo
filme (m) policial	探偵	tantei
filme (m) de ação	アクション映画	akushon eiga
filme (m) de aventuras	冒険映画	bōken eiga
filme (m) de ficção científica	SF映画	esuefu eiga
filme (m) de terror	ホラー映画	horā eiga
comédia (f)	コメディ映画	komedi eiga
melodrama (m)	メロドラマ	merodorama
drama (m)	ドラマ	dorama
filme (m) ficcional	劇映画	gekieiga
documentário (m)	ドキュメンタリー	dokyumentarī
desenho (m) animado	アニメ	anime
cinema (m) mudo	サイレント映画	sairento eiga
papel (m)	役	yaku
papel (m) principal	主役	shuyaku
representar (vt)	演じる	enjiru
estrela (f) de cinema	映画スター	eiga sutā
conhecido	有名な	yūmei na
famoso	著名な	chomei na
popular	人気の	ninki no
argumento (m)	台本	daihon
argumentista (m)	台本作家	daihon sakka
realizador (m)	映画監督	eiga kantoku
produtor (m)	プロデューサー	purodyūsā
assistente (m)	アシスタント	ashisutanto
diretor (m) de fotografia	カメラマン	kameraman
duplo (m)	スタントマン	sutantoman
duplo (m) de corpo	代役	daiyaku
filmar (vt)	映画を撮る	eiga wo toru
audição (f)	審査	shinsa
filmagem (f)	撮影	satsuei
equipe (f) de filmagem	映画製作班	eiga seisaku han
set (m) de filmagem	映画のセット	eiga no setto
câmara (f)	カメラ	kamera
cinema (m)	映画館	eiga kan
ecrã (m), tela (f)	スクリーン	sukurīn
exibir um filme	映画を上映する	eiga wo jōei suru
pista (f) sonora	サウンドトラック	saundotorakku
efeitos (m pl) especiais	特撮	tokusatsu

legendas (f pl)	字幕	jimaku
crédito (m)	クレジット	kurejitto
tradução (f)	訳	yaku

126. Pintura

arte (f)	美術	bijutsu
belas-artes (f pl)	芸術	geijutsu
galeria (f) de arte	画廊	garō
exposição (f) de arte	美術展	bijutsu ten

pintura (f)	絵画	kaiga
arte (f) gráfica	グラフィックアート	gurafikku āto
arte (f) abstrata	抽象美術	chūshō bijutsu
impressionismo (m)	印象派	inshōha

pintura (f), quadro (m)	絵画	kaiga
desenho (m)	絵	e
cartaz, póster (m)	ポスター	posutā

ilustração (f)	挿絵	sashie
miniatura (f)	細密画	saimitsu ga
cópia (f)	複写	fukusha
reprodução (f)	複製画	fukusei ga

mosaico (m)	モザイク	mozaiku
vitral (m)	ステンドグラス	sutendo gurasu
fresco (m)	フレスコ画	furesuko ga
gravura (f)	版画	hanga

busto (m)	胸像	kyōzō
escultura (f)	彫刻	chōkoku
estátua (f)	彫像	chōzō
gesso (m)	石膏	sekkō
em gesso	石膏の	sekkō no

retrato (m)	肖像画	shōzō ga
autorretrato (m)	自画像	jigazō
paisagem (f)	風景画	fūkei ga
natureza (f) morta	静物画	seibutsu ga
caricatura (f)	カリカチュア	karikachua
esboço (m)	スケッチ	sukecchi

tinta (f)	絵具	enogu
aguarela (f)	水彩絵具	suisai enogu
óleo (m)	油絵具	abura enogu
lápis (m)	鉛筆	enpitsu
tinta da China (f)	墨	sumi
carvão (m)	木炭	mokutan

desenhar (vt)	描く	egaku
pintar (vt)	絵の具で描く	enogu de egaku
posar (vi)	ポーズを取る	pōzu wo toru
modelo (m)	ヌードモデル	nūdo moderu

modelo (f)	ヌードモデル	nūdo moderu
pintor (m)	画家	gaka
obra (f)	美術品	bijutsu hin
obra-prima (f)	傑作	kessaku
estúdio (m)	画家のアトリエ	gaka no atorie

tela (f)	画布	gafu
cavalete (m)	イーゼル	īzeru
paleta (f)	パレット	paretto

moldura (f)	額縁	gakubuchi
restauração (f)	修復	shūfuku
restaurar (vt)	修復する	shūfuku suru

127. Literatura & Poesia

literatura (f)	文学	bungaku
autor (m)	著者	chosha
pseudónimo (m)	仮名	kamei

livro (m)	本	hon
volume (m)	巻	kan
índice (m)	目次	mokuji
página (f)	頁	pēji
protagonista (m)	主人公	shujinkō
autógrafo (m)	サイン	sain

conto (m)	短編小説	tanpen shōsetsu
novela (f)	中編小説	chūhen shōsetsu
romance (m)	小説	shōsetsu
obra (f)	作品	sakuhin
fábula (m)	寓話	gūwa
romance (m) policial	探偵小説	tantei shōsetsu

poesia (obra)	詩	shi
poesia (arte)	詩	shi
poema (m)	叙事詩	jojishi
poeta (m)	詩人	shijin

ficção (f)	フィクション	fikushon
ficção (f) científica	サイエンスフィクション	saiensu fikushon
aventuras (f pl)	冒険	bōken
literatura (f) didática	教材	kyōzai
literatura (f) infantil	児童文学	jidō bungaku

128. Circo

circo (m)	サーカス	sākasu
circo (m) ambulante	大サーカス	dai sākasu
programa (m)	プログラム	puroguramu
apresentação (f)	演技	engi
número (m)	ショー	shō

arena (f)	サーカスのリング	sākasu no ringu
pantomima (f)	パントマイム	pantomaimu
palhaço (m)	道化師	dōkeshi
acrobata (m)	曲芸師	kyokugei shi
acrobacia (f)	曲芸	kyokugei
ginasta (m)	空中ブランコ乗り	kūchū buranko nori
ginástica (f)	空中ブランコの曲芸	kūchū buranko no kyokugei
salto (m) mortal	宙返り	chūgaeri
homem forte (m)	怪力男	kairiki otoko
domador (m)	猛獣使い	mōjū zukai
cavaleiro (m) equilibrista	乗り手	norite
assistente (m)	アシスタント	ashisutanto
truque (m)	妙技	myōgi
truque (m) de mágica	手品	tejina
mágico (m)	手品師	tejina shi
malabarista (m)	ジャグリングをする人	jaguringu wo suru hito
fazer malabarismos	ジャグリングする	jaguringu suru
domador (m)	アニマルトレーナー	animaru torēnā
adestramento (m)	動物の調教	dōbutsu no chōkyō
adestrar (vt)	調教する	chōkyō suru

129. Música. Música popular

música (f)	音楽	ongaku
músico (m)	音楽家	ongakuka
instrumento (m) musical	楽器	gakki
tocar ...	演奏する	ensō suru
guitarra (f)	ギター	gitā
violino (m)	バイオリン	baiorin
violoncelo (m)	チェロ	chero
contrabaixo (m)	コントラバス	kontorabasu
harpa (f)	ハープ	hāpu
piano (m)	ピアノ	piano
piano (m) de cauda	グランドピアノ	gurando piano
órgão (m)	オルガン	orugan
instrumentos (m pl) de sopro	管楽器	kangakki
oboé (m)	オーボエ	ōboe
saxofone (m)	サクソフォーン	sakusofōn
clarinete (m)	クラリネット	kurarinetto
flauta (f)	フルート	furūto
trompete (m)	トランペット	toranpetto
acordeão (m)	アコーディオン	akōdion
tambor (m)	ドラム	doramu
duo, dueto (m)	二重奏	nijūsō
trio (m)	三重奏	sanjūsō
quarteto (m)	四重奏	shijūsō

| coro (m) | 合唱団 | gasshō dan |
| orquestra (f) | 管弦楽団 | kangengaku dan |

música (f) pop	ポップミュージック	poppu myūjikku
música (f) rock	ロックミュージック	rokku myūjikku
grupo (m) de rock	ロックバンド	rokku bando
jazz (m)	ジャズ	jazu

| ídolo (m) | アイドル | aidoru |
| fã, admirador (m) | ファン | fan |

concerto (m)	コンサート	konsāto
sinfonia (f)	交響曲	kōkyō kyoku
composição (f)	作曲	sakkyoku
compor (vt)	書く	kaku

canto (m)	歌うこと	utau koto
canção (f)	歌	uta
melodia (f)	メロディー	merodī
ritmo (m)	リズム	rizumu
blues (m)	ブルース	burūsu

notas (f pl)	楽譜	gakufu
batuta (f)	指揮棒	shikibō
arco (m)	弓	yumi
corda (f)	げん	gen
estojo (m)	ケース	kēsu

Descanso. Entretenimento. Viagens

130. Viagens

turismo (m)	観光	kankō
turista (m)	観光客	kankō kyaku
viagem (f)	旅行	ryokō
aventura (f)	冒険	bōken
viagem (f)	旅	tabi
férias (f pl)	休暇	kyūka
estar de férias	休暇中です	kyūka chū desu
descanso (m)	休み	yasumi
comboio (m)	列車	ressha
de comboio (chegar ~)	列車で	ressha de
avião (m)	航空機	kōkūki
de avião	飛行機で	hikōki de
de carro	車で	kuruma de
de navio	船で	fune de
bagagem (f)	荷物	nimotsu
mala (f)	スーツケース	sūtsukēsu
carrinho (m)	荷物カート	nimotsu kāto
passaporte (m)	パスポート	pasupōto
visto (m)	ビザ	biza
bilhete (m)	乗車券	jōsha ken
bilhete (m) de avião	航空券	kōkū ken
guia (m) de viagem	ガイドブック	gaido bukku
mapa (m)	地図	chizu
local (m), area (f)	地域	chīki
lugar, sítio (m)	場所	basho
exotismo (m)	エキゾチック	ekizochikku
exótico	エキゾチックな	ekizochikku na
surpreendente	驚くべき	odoroku beki
grupo (m)	団	dan
excursão (f)	小旅行	shō ryokō
guia (m)	ツアーガイド	tuā gaido

131. Hotel

hotel (m)	ホテル	hoteru
motel (m)	モーテル	mō teru
três estrelas	三つ星	mitsu boshi

| cinco estrelas | 五つ星 | itsutsu boshi |
| ficar (~ num hotel) | 泊まる | tomaru |

quarto (m)	部屋、ルーム	heya, rūmu
quarto (m) individual	シングルルーム	shinguru rūmu
quarto (m) duplo	ダブルルーム	daburu rūmu
reservar um quarto	部屋を予約する	heya wo yoyaku suru

| meia pensão (f) | ハーフボード | hāfu bōdo |
| pensão (f) completa | フルボード | furu bōdo |

com banheira	浴槽付きの	yokusō tsuki no
com duche	シャワー付きの	shawā tsuki no
televisão (m) satélite	衛星テレビ	eisei terebi
ar (m) condicionado	エアコン	eakon
toalha (f)	タオル	taoru
chave (f)	鍵	kagi

administrador (m)	管理人	kanri jin
camareira (f)	客室係	kyakushitsu gakari
bagageiro (m)	ベルボーイ	beru bōi
porteiro (m)	ドアマン	doa man

restaurante (m)	レストラン	resutoran
bar (m)	パブ、バー	pabu, bā
pequeno-almoço (m)	朝食	chōshoku
jantar (m)	夕食	yūshoku
buffet (m)	ビュッフェ	byuffe

| hall (m) de entrada | ロビー | robī |
| elevador (m) | エレベーター | erebētā |

| NÃO PERTURBE | 起こさないで下さい | okosa nai de kudasai |
| PROIBIDO FUMAR! | 禁煙 | kinen |

132. Livros. Leitura

livro (m)	本	hon
autor (m)	著者	chosha
escritor (m)	作家	sakka
escrever (vt)	執筆する	shippitsu suru

leitor (m)	読者	dokusha
ler (vt)	読む	yomu
leitura (f)	読書	dokusho

| para si | 黙って | damatte |
| em voz alta | 声に出して | koe ni dashi te |

publicar (vt)	出版する	shuppan suru
publicação (f)	出版業	shuppan gyō
editor (m)	発行者	hakkō sha
editora (f)	出版社	shuppan sha
sair (vi)	出版される	shuppan sareru

lançamento (m)	発売、公開	hatsubai, kōkai
tiragem (f)	発行部数	hakkō busū
livraria (f)	本屋	honya
biblioteca (f)	図書館	toshokan
novela (f)	中編小説	chūhen shōsetsu
conto (m)	短編小説	tanpen shōsetsu
romance (m)	小説	shōsetsu
romance (m) policial	探偵小説	tantei shōsetsu
memórias (f pl)	回想録	kaisō roku
lenda (f)	伝説	densetsu
mito (m)	神話	shinwa
poesia (f)	詩	shi
autobiografia (f)	自伝	jiden
obras (f pl) escolhidas	選集	senshū
ficção (f) científica	サイエンスフィクション	saiensu fikushon
título (m)	題名	daimei
introdução (f)	前書き	maegaki
folha (f) de rosto	表題紙	hyōdai shi
capítulo (m)	章	shō
excerto (m)	抜粋	bassui
episódio (m)	挿話	sōwa
tema (m)	筋	suji
conteúdo (m)	目次	mokuji
índice (m)	目次	mokuji
protagonista (m)	主人公	shujinkō
tomo, volume (m)	巻	kan
capa (f)	表紙	hyōshi
encadernação (f)	装丁	sōtei
marcador (m) de livro	しおり	shiori
página (f)	頁	pēji
folhear (vt)	パラパラとめくる	parapara to mekuru
margem (f)	余白	yohaku
anotação (f)	注釈	chūshaku
nota (f) de rodapé	脚注	kyakuchū
texto (m)	文章	bunshō
fonte (f)	フォント	fonto
gralha (f)	タイプミス	taipu misu
tradução (f)	翻訳	honyaku
traduzir (vt)	翻訳する	honyaku suru
original (m)	原作	gensaku
famoso	有名な	yūmei na
desconhecido	無名の	mumei no
interessante	面白い	omoshiroi
best-seller (m)	ベストセラー	besutoserā

dicionário (m)	辞書	jisho
manual (m) escolar	教科書	kyōkasho
enciclopédia (f)	百科事典	hyakka jiten

133. Caça. Pesca

caça (f)	狩り	kari
caçar (vi)	狩る	karu
caçador (m)	狩人	karyūdo

atirar (vi)	撃つ	utsu
caçadeira (f)	ライフル	raifuru
cartucho (m)	実包	jippō
chumbo (m) de caça	散弾	sandan

armadilha (f)	罠	wana
armadilha (com corda)	罠網	wana mō
cair na armadilha	罠にかかる	wana ni kakaru
pôr a armadilha	罠を掛ける	wana wo kakeru

caçador (m) furtivo	密漁者	mitsuryō sha
caça (f)	ジビエ	jibie
cão (m) de caça	猟犬	ryōken
safári (m)	サファリ	safari
animal (m) empalhado	動物の剥製	dōbutsu no hakusei

pescador (m)	漁師	ryōshi
pesca (f)	釣り	tsuri
pescar (vt)	魚釣りをする	sakanatsuri wo suru

cana (f) de pesca	釣り竿	tsurizao
linha (f) de pesca	釣り糸	tsurīto
anzol (m)	釣り針	tsuribari

| boia (f) | 浮き | uki |
| isca (f) | 餌 | esa |

| lançar a linha | 釣り糸をたれる | tsurīto wo tareru |
| morder (vt) | 食いつく | kuitsuku |

| pesca (f) | 釣果 | chōka |
| buraco (m) no gelo | 氷の穴 | kōri no ana |

| rede (f) | 漁網 | gyomō |
| barco (m) | ボート | bōto |

pescar com rede	網で捕らえる	ami de toraeru
lançar a rede	投網を打つ	nageami wo utsu
puxar a rede	網を手繰り寄せる	ami wo taguriyoseru
cair nas malhas	網にかかる	ami ni kakaru

baleeiro (m)	捕鯨者	hogei sha
baleeira (f)	捕鯨船	hogei sen
arpão (m)	銛	mori

134. Jogos. Bilhar

bilhar (m)	ビリヤード	biriyādo
sala (f) de bilhar	ビリヤード場	biriyādo jō
bola (f) de bilhar	球	kyū
embolsar uma bola	球を入れる	tama wo ireru
taco (m)	キュー	kyū
caçapa (f)	ポケット	poketto

135. Jogos. Jogar cartas

ouros (m pl)	ダイヤ	daiya
espadas (f pl)	スペード	supēdo
copas (f pl)	ハート	hāto
paus (m pl)	クラブ	kurabu
ás (m)	エース	ēsu
rei (m)	王	ō
dama (f)	クイーン	kuīn
valete (m)	ジャック	jakku
carta (f) de jogar	トランプ	toranpu
cartas (f pl)	トランプ	toranpu
trunfo (m)	切り札	kirifuda
baralho (m)	トランプ一組	toranpu ichi kumi
ponto (m)	ポイント	pointo
dar, distribuir (vt)	配る	kubaru
embaralhar (vt)	切る	kiru
vez, jogada (f)	順番	junban
batoteiro (m)	トランプ詐欺師	toranpu sagi shi

136. Descanso. Jogos. Diversos

passear (vi)	散歩する	sanpo suru
passeio (m)	散歩	sanpo
viagem (f) de carro	車で旅	kuruma de tabi
aventura (f)	冒険	bōken
piquenique (m)	ピクニック	pikunikku
jogo (m)	ゲーム	gēmu
jogador (m)	プレーヤー	purēyā
partida (f)	ゲーム	gēmu
colecionador (m)	収集家	shūshū ka
colecionar (vt)	収集する	shūshū suru
coleção (f)	コレクション	korekushon
palavras (f pl) cruzadas	クロスワードパズル	kurosuwādo pazuru
hipódromo (m)	競馬場	keiba jō

discoteca (f)	ディスコ	disuko
sauna (f)	サウナ	sauna
lotaria (f)	抽選	chūsen
campismo (m)	キャンピング	kyanpingu
acampamento (m)	キャンプ	kyanpu
tenda (f)	テント	tento
bússola (f)	コンパス	konpasu
campista (m)	キャンプをする人	kyanpu wo suru hito
ver (vt), assistir à ...	見る	miru
telespectador (m)	テレビ視聴者	terebi shichō sha
programa (m) de TV	テレビ番組	terebi bangumi

137. Fotografia

máquina (f) fotográfica	カメラ	kamera
foto, fotografia (f)	写真	shashin
fotógrafo (m)	写真家	shashin ka
estúdio (m) fotográfico	写真館	shashin kan
álbum (m) de fotografias	アルバム	arubamu
objetiva (f)	レンズ	renzu
teleobjetiva (f)	望遠レンズ	bōen renzu
filtro (m)	フィルター	firutā
lente (f)	レンズ	renzu
ótica (f)	光学	kōgaku
abertura (f)	絞り	shibori
exposição (f)	露光時間	rokō jikan
visor (m)	ファインダー	faindā
câmara (f) digital	デジタルカメラ	dejitaru kamera
tripé (m)	三脚	sankyaku
flash (m)	フラッシュ	furasshu
fotografar (vt)	撮影する	satsuei suru
tirar fotos	写真をとる	shashin wo toru
fotografar-se	写真を撮られる	shashin wo torareru
foco (m)	ピント	pinto
focar (vt)	ピントを調整する	pinto wo chōsei suru
nítido	シャープ	shāpu
nitidez (f)	シャープネス	shāpu nesu
contraste (m)	コントラスト	kontorasuto
contrastante	コントラストの	kontorasuto no
retrato (m)	写真	shashin
negativo (m)	ネガ	nega
filme (m)	写真フィルム	shashin firumu
fotograma (m)	コマ	koma
imprimir (vt)	印刷する	insatsu suru

138. Praia. Natação

praia (f)	浜辺	hamabe
areia (f)	砂	suna
deserto	人けのない	hito ke no nai
bronzeado (m)	日焼け	hiyake
bronzear-se (vr)	日焼けする	hiyake suru
bronzeado	日焼けした	hiyake shi ta
protetor (m) solar	日焼け止め	hiyake dome
biquíni (m)	ビキニ	bikini
fato (m) de banho	水着	mizugi
calção (m) de banho	水泳パンツ	suiei pantsu
piscina (f)	プール	pūru
nadar (vi)	泳ぐ	oyogu
duche (m)	シャワー	shawā
mudar de roupa	着替える	kigaeru
toalha (f)	タオル	taoru
barco (m)	ボート	bōto
lancha (f)	モーターボート	mōtābōto
esqui (m) aquático	水上スキー	mizukami sukī
barco (m) de pedais	ペダルボート	pedaru bōto
surf (m)	サーフィン	sāfin
surfista (m)	サーファー	sāfā
equipamento (m) de mergulho	スキューバダイビング用品	sukyūba daibingu yōhin
barbatanas (f pl)	フィン	fin
máscara (f)	マスク	masuku
mergulhador (m)	ダイバー	daibā
mergulhar (vi)	ダイビングする	daibingu suru
debaixo d'água	水中に	suichū ni
guarda-sol (m)	ビーチパラソル	bīchi parasoru
espreguiçadeira (f)	ビーチチェア	bīchi chea
óculos (m pl) de sol	サングラス	sangurasu
colchão (m) de ar	エアーマットレス	eā mattoresu
brincar (vi)	遊ぶ	asobu
ir nadar	海水浴をする	kaisuiyoku wo suru
bola (f) de praia	ビーチボール	bīchi bōru
encher (vt)	膨らませる	fukuramaseru
inflável, de ar	エア…	ea …
onda (f)	波	nami
boia (f)	ブイ	bui
afogar-se (pessoa)	溺れる	oboreru
salvar (vt)	救出する	kyūshutsu suru
colete (m) salva-vidas	ライフジャケット	raifu jaketto
observar (vt)	監視する	kanshi suru
nadador-salvador (m)	監視員	kanshi in

EQUIPAMENTO TÉCNICO. TRANSPORTES

Equipamento técnico. Transportes

139. Computador

computador (m)	コンピューター	konpyūtā
portátil (m)	ノートパソコン	nōto pasokon
ligar (vt)	入れる	ireru
desligar (vt)	消す	kesu
teclado (m)	キーボード	kībōdo
tecla (f)	キー	kī
rato (m)	マウス	mausu
tapete (m) de rato	マウスパッド	mausu paddo
botão (m)	ボタン	botan
cursor (m)	カーソル	kāsoru
monitor (m)	モニター	monitā
ecrã (m)	スクリーン	sukurīn
disco (m) rígido	ハードディスク	hādo disuku
capacidade (f) do disco rígido	ハードディスクの容量	hādo disuku no yōryō
memória (f)	メモリ	memori
memória RAM (f)	ランダム・アクセス・メモリ	randamu akusesu memori
ficheiro (m)	ファイル	fairu
pasta (f)	フォルダ	foruda
abrir (vt)	開く	hiraku
fechar (vt)	閉じる	tojiru
guardar (vt)	保存する	hozon suru
apagar, eliminar (vt)	削除する	sakujo suru
copiar (vt)	コピーする	kopī suru
ordenar (vt)	ソートする	sōto suru
copiar (vt)	転送する	tensō suru
programa (m)	プログラム	puroguramu
software (m)	ソフトウェア	sofutowea
programador (m)	プログラマ	purogurama
programar (vt)	プログラムを作る	puroguramu wo tsukuru
hacker (m)	ハッカー	hakkā
senha (f)	パスワード	pasuwādo
vírus (m)	ウイルス	uirusu
detetar (vt)	検出する	kenshutsu suru
byte (m)	バイト	baito

megabyte (m)	メガバイト	megabaito
dados (m pl)	データ	dēta
base (f) de dados	データベース	dētabēsu

cabo (m)	ケーブル	kēburu
desconectar (vt)	接続を切る	setsuzoku wo kiru
conetar (vt)	接続する	setsuzoku suru

140. Internet. E-mail

internet (f)	インターネット	intānetto
browser (m)	ブラウザー	burauzā
motor (m) de busca	検索エンジン	kensaku enjin
provedor (m)	プロバイダー	purobaidā

webmaster (m)	ウェブマスター	webumasutā
website, sítio web (m)	ウェブサイト	webusaito
página (f) web	ウェブページ	webupēji

| endereço (m) | アドレス | adoresu |
| livro (m) de endereços | 住所録 | jūsho roku |

caixa (f) de correio	メールボックス	mēru bokkusu
correio (m)	メール	mēru
cheia (caixa de correio)	いっぱい（一杯）	ippai

mensagem (f)	メッセージ	messēji
mensagens (f pl) recebidas	受信メッセージ	jushin messēji
mensagens (f pl) enviadas	送信メッセージ	sōshin messēji
remetente (m)	送信者	sōshin sha
enviar (vt)	送信する	sōshin suru
envio (m)	送信	sōshin
destinatário (m)	受信者	jushin sha
receber (vt)	受信する	jushin suru

| correspondência (f) | やり取り | yaritori |
| corresponder-se (vr) | 連絡する | renraku suru |

ficheiro (m)	ファイル	fairu
fazer download, baixar	ダウンロードする	daunrōdo suru
criar (vt)	作成する	sakusei suru
apagar, eliminar (vt)	削除する	sakujo suru
eliminado	削除された	sakujo sare ta

conexão (f)	接続	setsuzoku
velocidade (f)	速度	sokudo
modem (m)	モデム	modemu
acesso (m)	アクセス	akusesu
porta (f)	ポート	pōto

conexão (f)	接続	setsuzoku
conetar (vi)	…に接続する	… ni setsuzoku suru
escolher (vt)	選択する	sentaku suru
buscar (vt)	検索する	kensaku suru

Transportes

141. Avião

avião (m)	航空機	kōkūki
bilhete (m) de avião	航空券	kōkū ken
companhia (f) aérea	航空会社	kōkū gaisha
aeroporto (m)	空港	kūkō
supersónico	超音速の	chō onsoku no
comandante (m) do avião	機長	kichō
tripulação (f)	乗務員	jōmu in
piloto (m)	パイロット	pairotto
hospedeira (f) de bordo	客室乗務員	kyakushitsu jōmu in
copiloto (m)	航空士	kōkū shi
asas (f pl)	翼	tsubasa
cauda (f)	尾部	o bu
cabine (f) de pilotagem	コックピット	kokkupitto
motor (m)	エンジン	enjin
trem (m) de aterragem	着陸装置	chakuriku sōchi
turbina (f)	タービン	tābin
hélice (f)	プロペラ	puropera
caixa-preta (f)	ブラックボックス	burakku bokkusu
coluna (f) de controlo	操縦ハンドル	sōjū handoru
combustível (m)	燃料	nenryō
instruções (f pl) de segurança	安全のしおり	anzen no shiori
máscara (f) de oxigénio	酸素マスク	sanso masuku
uniforme (m)	制服	seifuku
colete (m) salva-vidas	ライフジャケット	raifu jaketto
paraquedas (m)	落下傘	rakkasan
descolagem (f)	離陸	ririku
descolar (vi)	離陸する	ririku suru
pista (f) de descolagem	滑走路	kassō ro
visibilidade (f)	視程	shitei
voo (m)	飛行	hikō
altura (f)	高度	kōdo
poço (m) de ar	エアポケット	eapoketto
assento (m)	席	seki
auscultadores (m pl)	ヘッドホン	heddohon
mesa (f) rebatível	折りたたみ式のテーブル	oritatami shiki no tēburu
vigia (f)	機窓	kisō
passagem (f)	通路	tsūro

142. Comboio

comboio (m)	列車	ressha
comboio (m) suburbano	通勤列車	tsūkin ressha
comboio (m) rápido	高速鉄道	kōsoku tetsudō
locomotiva (f) diesel	ディーゼル機関車	dīzeru kikan sha
locomotiva (f) a vapor	蒸気機関車	jōki kikan sha
carruagem (f)	客車	kyakusha
carruagem restaurante (f)	食堂車	shokudō sha
carris (m pl)	レール	rēru
caminho de ferro (m)	鉄道	tetsudō
travessa (f)	枕木	makuragi
plataforma (f)	ホーム	hōmu
linha (f)	線路	senro
semáforo (m)	鉄道信号機	tetsudō shingō ki
estação (f)	駅	eki
maquinista (m)	機関士	kikan shi
bagageiro (m)	ポーター	pōtā
hospedeiro, -a (da carruagem)	車掌	shashō
passageiro (m)	乗客	jōkyaku
revisor (m)	検札係	kensatsu gakari
corredor (m)	通路	tsūro
freio (m) de emergência	非常ブレーキ	hijō burēki
compartimento (m)	コンパートメント	konpātomento
cama (f)	寝台	shindai
cama (f) de cima	上段寝台	jōdan shindai
cama (f) de baixo	下段寝台	gedan shindai
roupa (f) de cama	リネン	rinen
bilhete (m)	乗車券	jōsha ken
horário (m)	時刻表	jikoku hyō
painel (m) de informação	発車標	hassha shirube
partir (vt)	発車する	hassha suru
partida (f)	発車	hassha
chegar (vi)	到着する	tōchaku suru
chegada (f)	到着	tōchaku
chegar de comboio	電車で来る	densha de kuru
apanhar o comboio	電車に乗る	densha ni noru
sair do comboio	電車をおりる	densha wo oriru
acidente (m) ferroviário	鉄道事故	tetsudō jiko
descarrilar (vi)	脱線する	dassen suru
locomotiva (f) a vapor	蒸気機関車	jōki kikan sha
fogueiro (m)	火夫	kafu
fornalha (f)	火室	kashitsu
carvão (m)	石炭	sekitan

143. Barco

navio (m)	船舶	senpaku
embarcação (f)	大型船	ōgata sen
vapor (m)	蒸気船	jōki sen
navio (m)	川船	kawabune
transatlântico (m)	遠洋定期船	enyō teiki sen
cruzador (m)	クルーザー	kurūzā
iate (m)	ヨット	yotto
rebocador (m)	曳船	eisen
barcaça (f)	艀、バージ	hashike, bāji
ferry (m)	フェリー	ferī
veleiro (m)	帆船	hansen
bergantim (m)	ブリガンティン	burigantin
quebra-gelo (m)	砕氷船	saihyō sen
submarino (m)	潜水艦	sensui kan
bote, barco (m)	ボート	bōto
bote, dingue (m)	ディンギー	dingī
bote (m) salva-vidas	救命艇	kyūmei tei
lancha (f)	モーターボート	mōtābōto
capitão (m)	船長	senchō
marinheiro (m)	船員	senin
marujo (m)	水夫	suifu
tripulação (f)	乗組員	norikumi in
contramestre (m)	ボースン	bōsun
grumete (m)	キャビンボーイ	kyabin bōi
cozinheiro (m) de bordo	船のコック	fune no kokku
médico (m) de bordo	船医	seni
convés (m)	甲板	kanpan
mastro (m)	マスト	masuto
vela (f)	帆	ho
porão (m)	船倉	funagura
proa (f)	船首	senshu
popa (f)	船尾	senbi
remo (m)	櫂	kai
hélice (f)	プロペラ	puropera
camarote (m)	船室	senshitsu
sala (f) dos oficiais	士官室	shikan shitsu
sala (f) das máquinas	機関室	kikan shitsu
ponte (m) de comando	船橋	funabashi
sala (f) de comunicações	無線室	musen shitsu
onda (f) de rádio	電波	denpa
diário (m) de bordo	航海日誌	kōkai nisshi
luneta (f)	単眼望遠鏡	tangan bōenkyō
sino (m)	船鐘	funekane

bandeira (f)	旗	hata
cabo (m)	ロープ	rōpu
nó (m)	結び目	musubime
corrimão (m)	手摺	tesuri
prancha (f) de embarque	舷門	genmon
âncora (f)	錨 [いかり]	ikari
recolher a âncora	錨をあげる	ikari wo ageru
lançar a âncora	錨を下ろす	ikari wo orosu
amarra (f)	錨鎖	byōsa
porto (m)	港	minato
cais, amarradouro (m)	埠頭	futō
atracar (vi)	係留する	keiryū suru
desatracar (vi)	出航する	shukkō suru
viagem (f)	旅行	ryokō
cruzeiro (m)	クルーズ	kurūzu
rumo (m), rota (f)	針路	shinro
itinerário (m)	船のルート	fune no rūto
canal (m) navegável	航路	kōro
banco (m) de areia	浅瀬	asase
encalhar (vt)	浅瀬に乗り上げる	asase ni noriageru
tempestade (f)	嵐	arashi
sinal (m)	信号	shingō
afundar-se (vr)	沈没する	chinbotsu suru
Homem ao mar!	落水したぞ！	ochimizu shi ta zo!
SOS	SOS	esuōesu
boia (f) salva-vidas	救命浮輪	kyūmei ukiwa

144. Aeroporto

aeroporto (m)	空港	kūkō
avião (m)	航空機	kōkūki
companhia (f) aérea	航空会社	kōkū gaisha
controlador (m) de tráfego aéreo	航空管制官	kōkū kansei kan
partida (f)	出発	shuppatsu
chegada (f)	到着	tōchaku
chegar (~ de avião)	到着する	tōchaku suru
hora (f) de partida	出発時刻	shuppatsu jikoku
hora (f) de chegada	到着時刻	tōchaku jikoku
estar atrasado	遅れる	okureru
atraso (m) de voo	フライトの遅延	furaito no chien
painel (m) de informação	フライト情報	furaito jōhō
informação (f)	案内	annai
anunciar (vt)	アナウンスする	anaunsu suru

voo (m)	フライト	furaito
alfândega (f)	税関	zeikan
funcionário (m) da alfândega	税関吏	zeikanri

declaração (f) alfandegária	税関申告	zeikan shinkoku
preencher (vt)	記入する	kinyū suru
preencher a declaração	申告書を記入する	shinkoku sho wo kinyū suru
controlo (m) de passaportes	入国審査	nyūkoku shinsa

bagagem (f)	荷物	nimotsu
bagagem (f) de mão	持ち込み荷物	mochikomi nimotsu
carrinho (m)	荷物カート	nimotsu kāto

aterragem (f)	着陸	chakuriku
pista (f) de aterragem	滑走路	kassō ro
aterrar (vi)	着陸する	chakuriku suru
escada (f) de avião	タラップ	tarappu

check-in (m)	チェックイン	chekkuin
balcão (m) do check-in	チェックインカウンター	chekkuin kauntā
fazer o check-in	チェックインする	chekkuin suru
cartão (m) de embarque	搭乗券	tōjō ken
porta (f) de embarque	出発ゲート	shuppatsu gēto

trânsito (m)	乗り継ぎ	noritsugi
esperar (vi, vt)	待つ	matsu
sala (f) de espera	出発ロビー	shuppatsu robī
despedir-se de ...	見送る	miokuru
despedir-se (vr)	別れを告げる	wakare wo tsugeru

145. Bicicleta. Motocicleta

bicicleta (f)	自転車	jitensha
scotter, lambreta (f)	スクーター	sukūtā
mota (f)	オートバイ	ōtobai

ir de bicicleta	自転車で行く	jitensha de iku
guiador (m)	ハンドル	handoru
pedal (m)	ペダル	pedaru
travões (m pl)	ブレーキ	burēki
selim (m)	サドル	sadoru

bomba (f) de ar	ポンプ	ponpu
porta-bagagens (m)	荷台	nidai
lanterna (f)	ヘッドライト	heddoraito
capacete (m)	ヘルメット	herumetto

roda (f)	車輪	sharin
guarda-lamas (m)	泥除け	doroyoke
aro (m)	リム	rimu
raio (m)	スポーク	supōku

Carros

146. Tipos de carros

carro, automóvel (m)	自動車	jidōsha
carro (m) desportivo	スポーツカー	supōtsukā
limusine (f)	リムジン	rimujin
todo o terreno (m)	オフロード車	ofurōdo sha
descapotável (m)	コンバーチブル	konbāchiburu
minibus (m)	マイクロバス	maikuro basu
ambulância (f)	救急車	kyūkyū sha
limpa-neve (m)	除雪車	josetsu sha
camião (m)	トラック	torakku
camião-cisterna (m)	タンクローリー	tankurōrī
carrinha (f)	バン	ban
camião-trator (m)	トラクタートラック	torakutā torakku
atrelado (m)	トレーラー	torērā
confortável	快適な	kaiteki na
usado	中古の	chūko no

147. Carros. Carroçaria

capô (m)	ボンネット	bonnetto
guarda-lamas (m)	フェンダー	fendā
tejadilho (m)	ルーフ	rūfu
para-brisa (m)	フロントガラス	furonto garasu
espelho (m) retrovisor	バックミラー	bakkumirā
lavador (m)	ウォッシャー	wosshā
limpa-para-brisas (m)	ワイパー	waipā
vidro (m) lateral	サイドウインドウ	saido uindō
elevador (m) do vidro	パワーウィンドウ	pawā windō
antena (f)	アンテナ	antena
teto solar (m)	サンルーフ	sanrūfu
para-choques (m pl)	バンパー	banpā
bagageira (f)	トランク	toranku
bagageira (f) de tejadilho	ルーフキャリア	rūfu kyaria
porta (f)	ドア	doa
maçaneta (f)	ドアノブ	doa nobu
fechadura (f)	ドアロック	doa rokku
matrícula (f)	ナンバープレート	nanbā purēto
silenciador (m)	消音器	shōon ki

tanque (m) de gasolina	ガソリンタンク	gasorin tanku
tubo (m) de escape	排気管	haiki kan
acelerador (m)	アクセル	akuseru
pedal (m)	ペダル	pedaru
pedal (m) do acelerador	アクセルペダル	akuseru pedaru
travão (m)	ブレーキ	burēki
pedal (m) do travão	ブレーキペダル	burēki pedaru
travar (vt)	ブレーキをかける	burēki wo kakeru
travão (m) de mão	パーキングブレーキ	pākingu burēki
embraiagem (f)	クラッチ	kuracchi
pedal (m) da embraiagem	クラッチペダル	kuracchi pedaru
disco (m) de embraiagem	クラッチディスク	kuracchi disuku
amortecedor (m)	ショックアブソーバー	shokku abusōbā
roda (f)	車輪	sharin
pneu (m) sobresselente	スペアタイヤ	supea taiya
pneu (m)	タイヤ	taiya
tampão (m) de roda	ホイールキャップ	hoīru kyappu
rodas (f pl) motrizes	駆動輪	kudō wa
de tração dianteira	前輪駆動の	zenrin kudō no
de tração traseira	後輪駆動の	kōrin kudō no
de tração às 4 rodas	四輪駆動の	yonrin kudō no
caixa (f) de mudanças	ギアボックス	gia bokkusu
automático	オートマチックの	ōtomachikku no
mecânico	マニュアルの	manyuaru no
alavanca (f) das mudanças	シフトレバー	shifuto rebā
farol (m)	ヘッドライト	heddoraito
faróis, luzes	ヘッドライト	heddoraito
médios (m pl)	ロービーム	rō bīmu
máximos (m pl)	ハイビーム	hai bīmu
luzes (f pl) de stop	ブレーキライト	burēki raito
mínimos (m pl)	パーキングライト	pākingu raito
luzes (f pl) de emergência	ハザードランプ	hazādo ranpu
faróis (m pl) antinevoeiro	フォグランプ	fogu ranpu
pisca-pisca (m)	方向指示器	hōkō shiji ki
luz (f) de marcha atrás	バックライト	bakku raito

148. Carros. Habitáculo

interior (m) do carro	内装	naisō
de couro, de pele	本革の	hon kawa no
de veludo	ベロアの	beroa no
estofos (m pl)	革張り	kawa bari
indicador (m)	計器	keiki
painel (m) de instrumentos	ダッシュボード	dasshubōdo

| velocímetro (m) | 速度計 | sokudo kei |
| ponteiro (m) | 針 | hari |

conta-quilómetros (m)	オドメータ	odoměta
sensor (m)	表示ランプ	hyōji ranpu
nível (m)	残量	zan ryō
luz (f) avisadora	警告灯	keikoku tō

volante (m)	ハンドル	handoru
buzina (f)	警笛	keiteki
botão (m)	ボタン	botan
interruptor (m)	スイッチ	suicchi

assento (m)	座席	zaseki
costas (f pl) do assento	バックレスト	bakkuresuto
cabeceira (f)	ヘッドレスト	heddoresuto
cinto (m) de segurança	シートベルト	shītoberuto
apertar o cinto	シートベルトを締める	shītoberuto wo shimeru
regulação (f)	調整	chōsei

| airbag (m) | エアバッグ | eabaggu |
| ar (m) condicionado | エアコン | eakon |

rádio (m)	ラジオ	rajio
leitor (m) de CD	CDプレーヤー	shīdī purēyā
ligar (vt)	入れる	ireru
antena (f)	アンテナ	antena
porta-luvas (m)	グローブボックス	gurōbu bokkusu
cinzeiro (m)	灰皿	haizara

149. Carros. Motor

motor (m)	エンジン	enjin
motor (m)	モーター	mōtā
diesel	ディーゼルの	dīzeru no
a gasolina	ガソリンの	gasorin no

cilindrada (f)	排気量	haiki ryō
potência (f)	出力	shutsuryoku
cavalo-vapor (m)	馬力	bariki
pistão (m)	ピストン	pisuton
cilindro (m)	シリンダー	shirindā
válvula (f)	バルブ	barubu

injetor (m)	インジェクター	injekutā
gerador (m)	オルタネーター	orutanětā
carburador (m)	キャブレター	kyaburetā
óleo (m) para motor	エンジンオイル	enjin oiru

radiador (m)	ラジエーター	rajiětā
refrigerante (m)	クーラント	kūranto
ventilador (m)	冷却ファン	reikyaku fan
bateria (f)	バッテリー	batterī
dispositivo (m) de arranque	スターター	sutātā

| ignição (f) | 点火 | tenka |
| vela (f) de ignição | スパークプラグ | supāku puragu |

borne (m)	端子	tanshi
borne (m) positivo	プラス端子	purasu tanshi
borne (m) negativo	マイナス端子	mainasu tanshi
fusível (m)	ヒューズ	hyūzu

filtro (m) de ar	エアーフィルター	eā firutā
filtro (m) de óleo	オイルフィルター	oiru firutā
filtro (m) de combustível	燃料フィルター	nenryō firutā

150. Carros. Batidas. Reparação

acidente (m) de carro	車の事故	kuruma no jiko
acidente (m) rodoviário	交通事故	kōtsū jiko
ir contra ...	衝突する	shōtotsu suru
sofrer um acidente	事故に遭う	jiko ni au
danos (m pl)	損害	songai
intato	無傷の	mukizu no

avaria (no motor, etc.)	故障	koshō
avariar (vi)	故障する	koshō suru
cabo (m) de reboque	牽引ロープ	kenin rōpu

furo (m)	パンク	panku
estar furado	パンクする	panku suru
encher (vt)	空気を入れる	kūki wo ireru
pressão (f)	空気圧	kūkiatsu
verificar (vt)	検査する	kensa suru

reparação (f)	修理	shūri
oficina (f) de reparação de carros	修理工場	shūri kōjō
peça (f) sobresselente	予備部品	yobi buhin
peça (f)	部品	buhin

parafuso (m)	ボルト	boruto
parafuso (m)	ネジ［ねじ］	neji
porca (f)	ナット	natto
anilha (f)	ワッシャー	wasshā
rolamento (m)	軸受け	jikuuke

tubo (m)	チューブ	chūbu
junta (f)	ガスケット	gasu ketto
fio, cabo (m)	ワイヤー	waiyā

macaco (m)	ジャッキ	jakki
chave (f) de boca	スパナ	supana
martelo (m)	金槌［金づち］	kanazuchi
bomba (f)	ポンプ	ponpu
chave (f) de fendas	ドライバー	doraibā
extintor (m)	消火器	shōka ki
triângulo (m) de emergência	三角表示板	sankaku hyōji ban

parar (vi) (motor)	エンストする	ensuto suru
paragem (f)	エンスト	ensuto
estar quebrado	壊れる	kowareru
superaquecer-se (vr)	オーバーヒートする	ōbāhīto suru
entupir-se (vr)	詰まっている	tsumatte iru
congelar-se (vr)	氷結する	hyōketsu suru
rebentar (vi)	爆発する	bakuhatsu suru
pressão (f)	空気圧	kūkiatsu
nível (m)	残量	zan ryō
frouxo	たるんだ	tarun da
mossa (f)	へこみ	hekomi
ruído (m)	ノッキング	nokkingu
fissura (f)	ひび	hibi
arranhão (m)	擦り傷	surikizu

151. Carros. Estrada

estrada (f)	道路	dōro
autoestrada (f)	高速道路	kōsoku dōro
rodovia (f)	自動車道路	jidōsha dōro
direção (f)	方向	hōkō
distância (f)	距離	kyori
ponte (f)	橋	hashi
parque (m) de estacionamento	駐車場	chūsha jō
praça (f)	広場	hiroba
nó (m) rodoviário	インターチェンジ	intāchenji
túnel (m)	トンネル	tonneru
posto (m) de gasolina	ガソリンスタンド	gasorin sutando
parque (m) de estacionamento	駐車場	chūsha jō
bomba (f) de gasolina	給油ポンプ	kyūyu ponpu
oficina (f) de reparação de carros	修理工場	shūri kōjō
abastecer (vt)	給油する	kyūyu suru
combustível (m)	燃料	nenryō
bidão (m) de gasolina	ジェリカン	jerikan
asfalto (m)	アスファルト	asufaruto
marcação (f) de estradas	道路標示	dōro hyōji
lancil (m)	縁石	enseki
proteção (f) guard-rail	ガードレール	gādorēru
valeta (f)	側溝	sokkō
berma (f) da estrada	路肩	rokata
poste (m) de luz	街灯柱	gaitō bashira
conduzir, guiar (vt)	運転する	unten suru
virar (ex. ~ à direita)	曲がる	magaru
dar retorno	Uターンする	yūtān suru
marcha-atrás (f)	バック	bakku
buzinar (vi)	クラクションを鳴らす	kurakushon wo narasu

buzina (f)	クラクション	kurakushon
atolar-se (vr)	抜け出せなくなる	nukedase naku naru
patinar (na lama)	ホイールスピンする	hoīru supin suru
desligar (vt)	止める	tomeru

velocidade (f)	スピード	supīdo
exceder a velocidade	スピード違反をする	supīdo ihan wo suru
multar (vt)	交通違反切符を渡す	kōtsū ihan kippu wo watasu
semáforo (m)	信号	shingō
carta (f) de condução	運転免許証	unten menkyo shō

passagem (f) de nível	踏切	fumikiri
cruzamento (m)	交差点	kōsaten
passadeira (f)	横断歩道	ōdan hodō
curva (f)	カーブ	kābu
zona (f) pedonal	歩行者専用区域	hokō sha senyō kuiki

PESSOAS. EVENTOS

Eventos

152. Férias. Evento

festa (f)	祝日	shukujitsu
festa (f) nacional	国民の祝日	kokumin no shukujitsu
feriado (m)	公休	kōkyū
festejar (vt)	記念する	kinen suru
evento (festa, etc.)	出来事	dekigoto
evento (banquete, etc.)	イベント	ibento
banquete (m)	宴会	enkai
receção (f)	レセプション	resepushon
festim (m)	ご馳走 [ごちそう]	gochisō
aniversário (m)	記念日	kinen bi
jubileu (m)	ジュビリー	jubirī
celebrar (vt)	祝う	iwau
Ano (m) Novo	元日	ganjitsu
Feliz Ano Novo!	明けましておめでとうござい ます	akemashite omedetō gozaimasu
Pai (m) Natal	サンタクロース	santa kurōsu
Natal (m)	クリスマス	kurisumasu
Feliz Natal!	メリークリスマス！	merī kurisumasu!
árvore (f) de Natal	クリスマスツリー	kurisumasutsurī
fogo (m) de artifício	花火	hanabi
boda (f)	結婚式	kekkonshiki
noivo (m)	花婿	hanamuko
noiva (f)	花嫁	hanayome
convidar (vt)	招待する	shōtai suru
convite (m)	招待状	shōtai jō
convidado (m)	客	kyaku
visitar (vt)	訪ねる	tazuneru
receber os hóspedes	来客を迎える	raikyaku wo mukaeru
presente (m)	贈り物、プレゼント	okurimono, purezento
oferecer (vt)	おくる（贈る）	okuru
receber presentes	プレゼントをもらう	purezento wo morau
ramo (m) de flores	花束	hanataba
felicitações (f pl)	祝辞	shukuji
felicitar (dar os parabéns)	祝う	iwau

cartão (m) de parabéns	グリーティングカード	gurītingu kādo
enviar um postal	はがきを送る	hagaki wo okuru
receber um postal	はがきを受け取る	hagaki wo uketoru

brinde (m)	祝杯	shukuhai
oferecer (vt)	…に一杯おごる	… ni ippai ogoru
champanhe (m)	シャンパン	shanpan

divertir-se (vr)	楽しむ	tanoshimu
diversão (f)	歓楽	kanraku
alegria (f)	喜び	yorokobi

| dança (f) | ダンス | dansu |
| dançar (vi) | 踊る | odoru |

| valsa (f) | ワルツ | warutsu |
| tango (m) | タンゴ | tango |

153. Funerais. Enterro

cemitério (m)	墓地	bochi
sepultura (f), túmulo (m)	墓	haka
cruz (f)	十字架	jūjika
lápide (f)	墓石	boseki
cerca (f)	柵	saku
capela (f)	チャペル	chaperu

morte (f)	死	shi
morrer (vi)	死ぬ	shinu
defunto (m)	死者	shisha
luto (m)	喪	mo

enterrar, sepultar (vt)	葬る	hōmuru
agência (f) funerária	葬儀社	sōgi sha
funeral (m)	葬儀	sōgi
coroa (f) de flores	葬式の花輪	sōshiki no hanawa
caixão (m)	棺	hitsugi
carro (m) funerário	霊柩車	reikyūsha
mortalha (f)	埋葬布	maisō nuno

procissão (f) funerária	葬列	sōretsu
urna (f) funerária	骨壺	kotsutsubo
crematório (m)	火葬場	kasō jō

obituário (m), necrologia (f)	死亡記事	shibō kiji
chorar (vi)	泣く	naku
soluçar (vi)	むせび泣く	musebinaku

154. Guerra. Soldados

| pelotão (m) | 小隊 | shōtai |
| companhia (f) | 中隊 | chūtai |

regimento (m)	連隊	rentai
exército (m)	陸軍	rikugun
divisão (f)	師団	shidan

| destacamento (m) | 分隊 | buntai |
| hoste (f) | 軍隊 | guntai |

| soldado (m) | 兵士 | heishi |
| oficial (m) | 士官 | shikan |

soldado (m) raso	二等兵	nitōhei
sargento (m)	軍曹	gunsō
tenente (m)	中尉	chūi
capitão (m)	大尉	taī
major (m)	少佐	shōsa
coronel (m)	大佐	taisa
general (m)	将官	shōkan

marujo (m)	水兵	suihei
capitão (m)	艦長	kanchō
contramestre (m)	ボースン	bōsun

artilheiro (m)	砲兵	hōhei
soldado (m) paraquedista	落下傘兵	rakkasan hei
piloto (m)	パイロット	pairotto
navegador (m)	航空士	kōkū shi
mecânico (m)	整備士	seibi shi

sapador (m)	地雷工兵	jirai kōhei
paraquedista (m)	落下傘兵	rakkasan hei
explorador (m)	偵察斥候	teisatsu sekkō
franco-atirador (m)	狙撃兵	sogeki hei

patrulha (f)	パトロール	patorōru
patrulhar (vt)	パトロールする	patorōru suru
sentinela (f)	番兵	banpei

| guerreiro (m) | 戦士 | senshi |
| patriota (m) | 愛国者 | aikoku sha |

| herói (m) | 英雄 | eiyū |
| heroína (f) | 英雄 | eiyū |

| traidor (m) | 裏切り者 | uragirimono |
| trair (vt) | 裏切る | uragiru |

| desertor (m) | 脱走兵 | dassō hei |
| desertar (vt) | 脱走する | dassō suru |

mercenário (m)	傭兵	yōhei
recruta (m)	新兵	shinpei
voluntário (m)	志願兵	shigan hei

morto (m)	死者	shisha
ferido (m)	負傷者	fushō sha
prisioneiro (m) de guerra	捕虜	horyo

155. Guerra. Ações militares. Parte 1

guerra (f)	戦争	sensō
guerrear (vt)	戦争中である	sensō chū de aru
guerra (f) civil	内戦	naisen
perfidamente	裏切って	uragitte
declaração (f) de guerra	宣戦布告	sensen fukoku
declarar (vt) guerra	布告する	fukoku suru
agressão (f)	武力侵略	buryoku shinrya ku
atacar (vt)	攻撃する	kōgeki suru
invadir (vt)	侵略する	shinrya ku suru
invasor (m)	侵略軍	shinrya ku gun
conquistador (m)	征服者	seifuku sha
defesa (f)	防衛	bōei
defender (vt)	防衛する	bōei suru
defender-se (vr)	身を守る	mi wo mamoru
inimigo (m)	敵	teki
adversário (m)	かたき	kataki
inimigo	敵の	teki no
estratégia (f)	戦略	senryaku
tática (f)	戦術	senjutsu
ordem (f)	命令	meirei
comando (m)	命令	meirei
ordenar (vt)	命令する	meirei suru
missão (f)	任務	ninmu
secreto	秘密の	himitsu no
batalha (f)	戦い	tatakai
combate (m)	戦闘	sentō
ataque (m)	攻撃	kōgeki
assalto (m)	突入	totsunyū
assaltar (vt)	突入する	totsunyū suru
assédio, sítio (m)	包囲	hōi
ofensiva (f)	攻勢	kōsei
passar à ofensiva	攻勢に出る	kōsei ni deru
retirada (f)	撤退	tettai
retirar-se (vr)	撤退する	tettai suru
cerco (m)	包囲	hōi
cercar (vt)	包囲する	hōi suru
bombardeio (m)	爆撃	bakugeki
lançar uma bomba	爆弾を投下する	bakudan wo tōka suru
bombardear (vt)	爆撃する	bakugeki suru
explosão (f)	爆発	bakuhatsu
tiro (m)	発砲	happō

| disparar um tiro | 発砲する | happō suru |
| tiroteio (m) | 砲火 | hōka |

apontar para ...	狙う	nerau
apontar (vt)	向ける	mukeru
acertar (vt)	命中する	meichū suru

afundar (um navio)	撃沈する	gekichin suru
brecha (f)	穴	ana
afundar-se (vr)	沈没する	chinbotsu suru

frente (m)	戦線	sensen
evacuação (f)	避難	hinan
evacuar (vt)	避難する	hinan suru

trincheira (f)	塹壕	zangō
arame (m) farpado	有刺鉄線	yūshitessen
obstáculo (m) anticarro	障害物	shōgai butsu
torre (f) de vigia	監視塔	kanshi tō

hospital (m)	軍病院	gun byōin
ferir (vt)	負傷させる	fushō saseru
ferida (f)	負傷	fushō
ferido (m)	負傷者	fushō sha
ficar ferido	負傷する	fushō suru
grave (ferida ~)	重い	omoi

156. Armas

arma (f)	兵器	heiki
arma (f) de fogo	火器	kaki
arma (f) branca	冷兵器	reiheiki

arma (f) química	化学兵器	kagaku heiki
nuclear	核…	kaku ...
arma (f) nuclear	核兵器	kakuheiki

| bomba (f) | 爆弾 | bakudan |
| bomba (f) atómica | 原子爆弾 | genshi bakudan |

pistola (f)	拳銃、ピストル	kenjū, pisutoru
caçadeira (f)	ライフル	raifuru
pistola-metralhadora (f)	サブマシンガン	sabumashin gan
metralhadora (f)	マシンガン	mashin gan

boca (f)	銃口	jūkō
cano (m)	砲身	hōshin
calibre (m)	口径	kōkei

gatilho (m)	トリガー	torigā
mira (f)	照準器	shōjun ki
carregador (m)	弾倉	dansō
coronha (f)	台尻	daijiri
granada (f) de mão	手榴弾	shuryūdan

explosivo (m)	爆発物	bakuhatsu butsu
bala (f)	弾	tama
cartucho (m)	実弾	jitsudan
carga (f)	装薬	sō yaku
munições (f pl)	弾薬	danyaku

bombardeiro (m)	爆撃機	bakugeki ki
avião (m) de caça	戦闘機	sentō ki
helicóptero (m)	ヘリコプター	herikoputā

canhão (m) antiaéreo	対空砲	taikū hō
tanque (m)	戦車	sensha
canhão (de um tanque)	戦車砲	sensha hō

artilharia (f)	砲兵	hōhei
canhão (m)	大砲	taihō
fazer a pontaria	狙いを定める	nerai wo sadameru

obus (m)	砲弾	hōdan
granada (f) de morteiro	迫撃砲弾	hakugeki hō dan
morteiro (m)	迫撃砲	hakugeki hō
estilhaço (m)	砲弾の破片	hōdan no hahen

submarino (m)	潜水艦	sensui kan
torpedo (m)	魚雷	gyorai
míssil (m)	ミサイル	misairu

carregar (uma arma)	装填する	sōten suru
atirar, disparar (vi)	撃つ	utsu
apontar para …	向ける	mukeru
baioneta (f)	銃剣	jūken

espada (f)	エペ	epe
sabre (m)	サーベル	sāberu
lança (f)	槍	yari
arco (m)	弓	yumi
flecha (f)	矢	ya
mosquete (m)	マスケット銃	masuketto jū
besta (f)	石弓	ishiyumi

157. Povos da antiguidade

primitivo	原始の	genshi no
pré-histórico	先史時代の	senshi jidai no
antigo	古代の	kodai no

Idade (f) da Pedra	石器時代	sekki jidai
Idade (f) do Bronze	青銅器時代	seidōki jidai
período (m) glacial	氷河時代	hyōga jidai

tribo (f)	部族	buzoku
canibal (m)	人食い人種	hito kui jin shi
caçador (m)	狩人	karyūdo
caçar (vi)	狩る	karu

mamute (m)	マンモス	manmosu
caverna (f)	洞窟	dōkutsu
fogo (m)	火	hi
fogueira (f)	焚火	takibi
pintura (f) rupestre	岩壁画	iwa hekiga

ferramenta (f)	道具	dōgu
lança (f)	槍	yari
machado (m) de pedra	石斧	sekifu
guerrear (vt)	戦争中である	sensō chū de aru
domesticar (vt)	飼い慣らす	kainarasu

ídolo (m)	偶像	gūzō
adorar, venerar (vt)	崇拝する	sūhai suru
superstição (f)	迷信	meishin
ritual (m)	儀式	gishiki

evolução (f)	進化	shinka
desenvolvimento (m)	発達	hattatsu
desaparecimento (m)	絶滅	zetsumetsu
adaptar-se (vr)	適応する	tekiō suru

arqueologia (f)	考古学	kōkogaku
arqueólogo (m)	考古学者	kōkogakusha
arqueológico	考古学の	kōkogaku no

local (m) das escavações	発掘現場	hakkutsu genba
escavações (f pl)	発掘	hakkutsu
achado (m)	発見	hakken
fragmento (m)	一片	ippen

158. Idade média

povo (m)	民族	minzoku
povos (m pl)	民族	minzoku
tribo (f)	部族	buzoku
tribos (f pl)	部族	buzoku

bárbaros (m pl)	野蛮人	yaban jin
gauleses (m pl)	ガリア人	ga ria jin
godos (m pl)	ゴート人	gōto jin
eslavos (m pl)	スラヴ人	suravu jin
víquingues (m pl)	ヴァイキング	bai kingu

| romanos (m pl) | ローマ人 | rōma jin |
| romano | ローマの | rōma no |

bizantinos (m pl)	ビザンティン人	bizantin jin
Bizâncio	ビザンチウム	bizanchiumu
bizantino	ビザンチンの	bizanchin no

imperador (m)	皇帝	kōtei
líder (m)	リーダー	rīdā
poderoso	強力な	kyōryoku na

| rei (m) | 王 | ō |
| governante (m) | 支配者 | shihai sha |

cavaleiro (m)	騎士	kishi
senhor feudal (m)	封建領主	hōken ryōshu
feudal	封建時代の	hōken jidai no
vassalo (m)	臣下	shinka

duque (m)	公爵	kōshaku
conde (m)	伯爵	hakushaku
barão (m)	男爵	danshaku
bispo (m)	司教	shikyō

armadura (f)	よろい [鎧]	yoroi
escudo (m)	盾	tate
espada (f)	剣	ken
viseira (f)	バイザー	baizā
cota (f) de malha	鎖帷子	kusarikatabira

| cruzada (f) | 十字軍 | jūjigun |
| cruzado (m) | 十字軍の戦士 | jūjigun no senshi |

| território (m) | 領土 | ryōdo |
| atacar (vt) | 攻撃する | kōgeki suru |

| conquistar (vt) | 征服する | seifuku suru |
| ocupar, invadir (vt) | 占領する | senryō suru |

assédio, sítio (m)	包囲	hōi
sitiado	攻囲された	kōi sare ta
assediar, sitiar (vt)	攻囲する	kōi suru

inquisição (f)	宗教裁判	shūkyō saiban
inquisidor (m)	宗教裁判官	shūkyō saibankan
tortura (f)	拷問	gōmon
cruel	残酷な	zankoku na

| herege (m) | 異端者 | itan sha |
| heresia (f) | 異端 | itan |

navegação (f) marítima	船旅	funatabi
pirata (m)	海賊	kaizoku
pirataria (f)	海賊行為	kaizoku kōi
abordagem (f)	移乗攻撃	ijō kōgeki

| presa (f), butim (m) | 戦利品 | senri hin |
| tesouros (m pl) | 宝 | takara |

descobrimento (m)	発見	hakken
descobrir (novas terras)	発見する	hakken suru
expedição (f)	探検	tanken

mosqueteiro (m)	銃士	jū shi
cardeal (m)	枢機卿	sūkikyō
heráldica (f)	紋章学	monshō gaku
heráldico	紋章の	monshō no

159. Líder. Chefe. Autoridades

rei (m)	国王	kokuō
rainha (f)	女王	joō
real	王室の	ōshitsu no
reino (m)	王国	ōkoku
príncipe (m)	王子	ōji
princesa (f)	王妃	ōhi
presidente (m)	大統領	daitōryō
vice-presidente (m)	副大統領	fuku daitōryō
senador (m)	上院議員	jōin gīn
monarca (m)	君主	kunshu
governante (m)	支配者	shihai sha
ditador (m)	独裁者	dokusai sha
tirano (m)	暴君	bōkun
magnata (m)	マグナート	magunāto
diretor (m)	責任者	sekinin sha
chefe (m)	長	chō
dirigente (m)	管理者	kanri sha
patrão (m)	ボス	bosu
dono (m)	経営者	keieisha
líder, chefe (m)	リーダー	rīdā
chefe (~ de delegação)	長	chō
autoridades (f pl)	当局	tōkyoku
superiores (m pl)	上司	jōshi
governador (m)	知事	chiji
cônsul (m)	領事	ryōji
diplomata (m)	外交官	gaikō kan
Presidente (m) da Câmara	市長	shichō
xerife (m)	保安官	hoan kan
imperador (m)	皇帝	kōtei
czar (m)	ツァーリ	tsāri
faraó (m)	ファラオ	farao
cã (m)	ハン	han

160. Viloação da lei. Criminosos. Parte 1

bandido (m)	山賊	sanzoku
crime (m)	犯罪	hanzai
criminoso (m)	犯罪者	hanzai sha
ladrão (m)	泥棒	dorobō
roubar (vt)	盗む	nusumu
furto (m)	窃盗	settō
furto (m)	泥棒	dorobō
raptar (ex. ~ uma criança)	誘拐する	yūkai suru

rapto (m)	誘拐	yūkai
raptor (m)	誘拐犯	yūkai han
resgate (m)	身代金	minoshirokin
pedir resgate	身代金を要求する	minoshirokin wo yōkyū suru
roubar (vt)	強盗する	gōtō suru
assalto, roubo (m)	強盗	gōtō
assaltante (m)	強盗犯	gōtō han
extorquir (vt)	恐喝する	kyōkatsu suru
extorsionário (m)	恐喝者	kyōkatsu sha
extorsão (f)	恐喝	kyōkatsu
matar, assassinar (vt)	殺す	korosu
homicídio (m)	殺人	satsujin
homicida, assassino (m)	殺人者	satsujin sha
tiro (m)	発砲	happō
dar um tiro	発砲する	happō suru
matar a tiro	射殺する	shasatsu suru
atirar, disparar (vi)	撃つ	utsu
tiroteio (m)	射撃	shageki
incidente (m)	事件	jiken
briga (~ de rua)	喧嘩	kenka
Socorro!	助けて！	tasuke te!
vítima (f)	被害者	higai sha
danificar (vt)	損害を与える	songai wo ataeru
dano (m)	損害	songai
cadáver (m)	死体	shitai
grave	重い	omoi
atacar (vt)	攻撃する	kōgeki suru
bater (espancar)	殴る	naguru
espancar (vt)	打ちのめす	uchinomesu
tirar, roubar (dinheiro)	強奪する	gōdatsu suru
esfaquear (vt)	刺し殺す	sashikorosu
mutilar (vt)	重症を負わせる	jūshō wo owaseru
ferir (vt)	負わせる	owaseru
chantagem (f)	恐喝	kyōkatsu
chantagear (vt)	恐喝する	kyōkatsu suru
chantagista (m)	恐喝者	kyōkatsu sha
extorsão (em troca de proteção)	ゆすり	yusuri
extorsionário (m)	ゆすりを働く人	yusuri wo hataraku hito
gângster (m)	暴力団員	bōryokudan in
máfia (f)	マフィア	mafia
carteirista (m)	すり	suri
assaltante, ladrão (m)	強盗	gōtō
contrabando (m)	密輸	mitsuyu
contrabandista (m)	密輸者	mitsuyu sha

falsificação (f)	偽造	gizō
falsificar (vt)	偽造する	gizō suru
falsificado	偽造の	gizō no

161. Viloação da lei. Criminosos. Parte 2

violação (f)	強姦	gōkan
violar (vt)	強姦する	gōkan suru
violador (m)	強姦犯	gōkan han
maníaco (m)	マニア	mania

prostituta (f)	売春婦	baishun fu
prostituição (f)	売春	baishun
chulo (m)	ポン引き	pon biki

| toxicodependente (m) | 麻薬中毒者 | mayaku chūdoku sha |
| traficante (m) | 麻薬の売人 | mayaku no bainin |

explodir (vt)	爆発させる	bakuhatsu saseru
explosão (f)	爆発	bakuhatsu
incendiar (vt)	放火する	hōka suru
incendiário (m)	放火犯人	hōka hannin

terrorismo (m)	テロリズム	terorizumu
terrorista (m)	テロリスト	terorisuto
refém (m)	人質	hitojichi

enganar (vt)	詐欺を働く	sagi wo hataraku
engano (m)	詐欺	sagi
vigarista (m)	詐欺師	sagi shi

subornar (vt)	賄賂を渡す	wairo wo watasu
suborno (atividade)	賄賂の授受	wairo no juju
suborno (dinheiro)	賄賂	wairo

veneno (m)	毒	doku
envenenar (vt)	…を毒殺する	… wo dokusatsu suru
envenenar-se (vr)	毒薬を飲む	dokuyaku wo nomu

| suicídio (m) | 自殺 | jisatsu |
| suicida (m) | 自殺者 | jisatsu sha |

ameaçar (vt)	脅す	odosu
ameaça (f)	脅し	odoshi
atentar contra a vida de …	殺そうとする	koroso u to suru
atentado (m)	殺人未遂	satsujin misui

| roubar (o carro) | 盗む | nusumu |
| desviar (o avião) | ハイジャックする | haijakku suru |

vingança (f)	復讐	fukushū
vingar (vt)	復讐する	fukushū suru
torturar (vt)	拷問する	gōmon suru
tortura (f)	拷問	gōmon

atormentar (vt)	虐待する	gyakutai suru
pirata (m)	海賊	kaizoku
desordeiro (m)	フーリガン	fūrigan
armado	武装した	busō shi ta
violência (f)	暴力	bōryoku
ilegal	違法な	ihō na

| espionagem (f) | スパイ行為 | supai kōi |
| espionar (vi) | スパイする | supai suru |

162. Polícia. Lei. Parte 1

| justiça (f) | 司法 | shihō |
| tribunal (m) | 裁判所 | saibansho |

juiz (m)	裁判官	saibankan
jurados (m pl)	陪審員	baishin in
tribunal (m) do júri	陪審裁判	baishin saiban
julgar (vt)	判決を下す	hanketsu wo kudasu

advogado (m)	弁護士	bengoshi
réu (m)	被告人	hikoku jin
banco (m) dos réus	被告席	hikoku seki

| acusação (f) | 告発 | kokuhatsu |
| acusado (m) | 被告人 | hikoku jin |

| sentença (f) | 判決 | hanketsu |
| sentenciar (vt) | 判決を下す | hanketsu wo kudasu |

culpado (m)	有罪の	yūzai no
punir (vt)	処罰する	shobatsu suru
punição (f)	処罰	shobatsu

multa (f)	罰金	bakkin
prisão (f) perpétua	終身刑	shūshin kei
pena (f) de morte	死刑	shikei
cadeira (f) elétrica	電気椅子	denki isu
forca (f)	絞首台	kōshu dai

| executar (vt) | 処刑する | shokei suru |
| execução (f) | 死刑 | shikei |

| prisão (f) | 刑務所 | keimusho |
| cela (f) de prisão | 独房 | dokubō |

escolta (f)	護送	gosō
guarda (m) prisional	刑務官	keimu kan
preso (m)	囚人	shūjin

algemas (f pl)	手錠	tejō
algemar (vt)	手錠をかける	tejō wo kakeru
fuga, evasão (f)	脱獄	datsugoku
fugir (vi)	脱獄する	datsugoku suru

desaparecer (vi)	姿を消す	sugata wo kesu
soltar, libertar (vt)	放免する	hōmen suru
amnistia (f)	恩赦	onsha
polícia (instituição)	警察	keisatsu
polícia (m)	警官	keikan
esquadra (f) de polícia	警察署	keisatsu sho
cassetete (m)	警棒	keibō
megafone (m)	拡声器	kakusei ki
carro (m) de patrulha	パトロールカー	patorōrukā
sirene (f)	サイレン	sairen
ligar a sirene	サイレンを鳴らす	sairen wo narasu
toque (m) da sirene	サイレンの音	sairen no oto
cena (f) do crime	犯行現場	hankō genba
testemunha (f)	目撃者	mokugeki sha
liberdade (f)	自由	jiyū
cúmplice (m)	共犯者	kyōhan sha
escapar (vi)	逃走する	tōsō suru
traço (não deixar ~s)	形跡	keiseki

163. Polícia. Lei. Parte 2

procura (f)	捜査	sōsa
procurar (vt)	捜索する	sōsaku suru
suspeita (f)	嫌疑	kengi
suspeito	不審な	fushin na
parar (vt)	止める	tomeru
deter (vt)	留置する	ryūchi suru
caso (criminal)	事件	jiken
investigação (f)	捜査	sōsa
detetive (m)	探偵	tantei
investigador (m)	捜査官	sōsa kan
versão (f)	仮説	kasetsu
motivo (m)	動機	dōki
interrogatório (m)	尋問	jinmon
interrogar (vt)	尋問する	jinmon suru
questionar (vt)	尋問する	jinmon suru
verificação (f)	身元確認	mimoto kakunin
batida (f) policial	一斉検挙	issei kenkyo
busca (f)	家宅捜索	kataku sōsaku
perseguição (f)	追跡	tsuiseki
perseguir (vt)	追跡する	tsuiseki suru
seguir (vt)	追う	ō
prisão (f)	逮捕	taiho
prender (vt)	逮捕する	taiho suru
pegar, capturar (vt)	捕まえる	tsukamaeru
captura (f)	捕獲	hokaku
documento (m)	文書	bunsho

prova (f)	証拠	shōko
prova (vt)	証明する	shōmei suru
pegada (f)	足跡	ashiato
impressões (f pl) digitais	指紋	shimon
prova (f)	一つの証拠	hitotsu no shōko

álibi (m)	アリバイ	aribai
inocente	無罪の	muzai no
injustiça (f)	不当	futō
injusto	不当な	futō na

criminal	犯罪の	hanzai no
confiscar (vt)	没収する	bosshū suru
droga (f)	麻薬	mayaku
arma (f)	兵器	heiki
desarmar (vt)	武装解除する	busō kaijo suru
ordenar (vt)	命令する	meirei suru
desaparecer (vi)	姿を消す	sugata wo kesu

lei (f)	法律	hōritsu
legal	合法の	gōhō no
ilegal	違法な	ihō na

| responsabilidade (f) | 責め | seme |
| responsável | 責めを負うべき | seme wo ō beki |

NATUREZA

A Terra. Parte 1

164. Espaço sideral

cosmos (m)	宇宙	uchū
cósmico	宇宙の	uchū no
espaço (m) cósmico	宇宙空間	uchū kūkan
mundo (m)	世界	sekai
universo (m)	宇宙	uchū
galáxia (f)	銀河系	gingakei
estrela (f)	星	hoshi
constelação (f)	星座	seiza
planeta (m)	惑星	wakusei
satélite (m)	衛星	eisei
meteorito (m)	隕石	inseki
cometa (m)	彗星	suisei
asteroide (m)	小惑星	shōwakusei
órbita (f)	軌道	kidō
girar (vi)	公転する	kōten suru
atmosfera (f)	大気	taiki
Sol (m)	太陽	taiyō
Sistema (m) Solar	太陽系	taiyōkei
eclipse (m) solar	日食	nisshoku
Terra (f)	地球	chikyū
Lua (f)	月	tsuki
Marte (m)	火星	kasei
Vénus (f)	金星	kinsei
Júpiter (m)	木星	mokusei
Saturno (m)	土星	dosei
Mercúrio (m)	水星	suisei
Urano (m)	天王星	tennōsei
Neptuno (m)	海王星	kaiōsei
Plutão (m)	冥王星	meiōsei
Via Láctea (f)	天の川	amanogawa
Ursa Maior (f)	おおぐま座	ōguma za
Estrela Polar (f)	北極星	hokkyokusei
marciano (m)	火星人	kasei jin
extraterrestre (m)	宇宙人	uchū jin

| alienígena (m) | 異星人 | i hoshi jin |
| disco (m) voador | 空飛ぶ円盤 | sora tobu enban |

nave (f) espacial	宇宙船	uchūsen
estação (f) orbital	宇宙ステーション	uchū sutēshon
lançamento (m)	打ち上げ	uchiage

motor (m)	エンジン	enjin
bocal (m)	ノズル	nozuru
combustível (m)	燃料	nenryō

cabine (f)	コックピット	kokkupitto
antena (f)	アンテナ	antena
vigia (f)	舷窓	gensō
bateria (f) solar	太陽電池	taiyō denchi
traje (m) espacial	宇宙服	uchū fuku

| imponderabilidade (f) | 無重力 | mu jūryoku |
| oxigénio (m) | 酸素 | sanso |

| acoplagem (f) | ドッキング | dokkingu |
| fazer uma acoplagem | ドッキングする | dokkingu suru |

observatório (m)	天文台	tenmondai
telescópio (m)	望遠鏡	bōenkyō
observar (vt)	観察する	kansatsu suru
explorar (vt)	探索する	tansaku suru

165. A Terra

Terra (f)	地球	chikyū
globo terrestre (Terra)	世界	sekai
planeta (m)	惑星	wakusei

atmosfera (f)	大気	taiki
geografia (f)	地理学	chiri gaku
natureza (f)	自然	shizen

globo (mapa esférico)	地球儀	chikyūgi
mapa (m)	地図	chizu
atlas (m)	地図帳	chizu chō

| Europa (f) | ヨーロッパ | yōroppa |
| Ásia (f) | アジア | ajia |

| África (f) | アフリカ | afurika |
| Austrália (f) | オーストラリア | ōsutoraria |

América (f)	アメリカ	amerika
América (f) do Norte	北アメリカ	kita amerika
América (f) do Sul	南アメリカ	minami amerika

| Antártida (f) | 南極大陸 | nankyokutairiku |
| Ártico (m) | 北極 | hokkyoku |

166. Pontos cardeais

norte (m)	北	kita
para norte	北へ	kita he
no norte	北に	kita ni
do norte	北の	kita no
sul (m)	南	minami
para sul	南へ	minami he
no sul	南に	minami ni
do sul	南の	minami no
oeste, ocidente (m)	西	nishi
para oeste	西へ	nishi he
no oeste	西に	nishi ni
ocidental	西の	nishi no
leste, oriente (m)	東	higashi
para leste	東へ	higashi he
no leste	東に	higashi ni
oriental	東の	higashi no

167. Mar. Oceano

mar (m)	海	umi
oceano (m)	海洋	kaiyō
golfo (m)	湾	wan
estreito (m)	海峡	kaikyō
terra (f) firme	乾燥地	kansō chi
continente (m)	大陸	tairiku
ilha (f)	島	shima
península (f)	半島	hantō
arquipélago (m)	多島海	tatōkai
baía (f)	入り江	irie
porto (m)	泊地	hakuchi
lagoa (f)	潟	kata
cabo (m)	岬	misaki
atol (m)	環礁	kanshō
recife (m)	暗礁	anshō
coral (m)	サンゴ	sango
recife (m) de coral	サンゴ礁	sangoshō
profundo	深い	fukai
profundidade (f)	深さ	fuka sa
abismo (m)	深淵	shinen
fossa (f) oceânica	海溝	kaikō
corrente (f)	海流	kairyū
banhar (vt)	取り囲む	torikakomu
litoral (m)	海岸	kaigan

costa (f)	沿岸	engan
maré (f) alta	満潮	manchō
refluxo (m), maré (f) baixa	干潮	kanchō
restinga (f)	砂州	sasu
fundo (m)	底	soko
onda (f)	波	nami
crista (f) da onda	波頭	namigashira
espuma (f)	泡	awa
tempestade (f)	嵐	arashi
furacão (m)	ハリケーン	harikēn
tsunami (m)	津波	tsunami
calmaria (f)	凪	nagi
calmo	穏やかな	odayaka na
polo (m)	極地	kyokuchi
polar	極地の	kyokuchi no
latitude (f)	緯度	ido
longitude (f)	経度	keido
paralela (f)	度線	dosen
equador (m)	赤道	sekidō
céu (m)	空	sora
horizonte (m)	地平線	chiheisen
ar (m)	空気	kūki
farol (m)	灯台	tōdai
mergulhar (vi)	飛び込む	tobikomu
afundar-se (vr)	沈没する	chinbotsu suru
tesouros (m pl)	宝	takara

168. Montanhas

montanha (f)	山	yama
cordilheira (f)	山脈	sanmyaku
serra (f)	山稜	sanryō
cume (m)	頂上	chōjō
pico (m)	とがった山頂	togatta sanchō
sopé (m)	麓	fumoto
declive (m)	山腹	sanpuku
vulcão (m)	火山	kazan
vulcão (m) ativo	活火山	kakkazan
vulcão (m) extinto	休火山	kyūkazan
erupção (f)	噴火	funka
cratera (f)	噴火口	funkakō
magma (m)	岩漿、マグマ	ganshō, maguma
lava (f)	溶岩	yōgan
fundido (lava ~a)	溶…	yō …
desfiladeiro (m)	峡谷	kyōkoku

garganta (f)	峡谷	kyōkoku
fenda (f)	裂け目	sakeme
precipício (m)	奈落の底	naraku no soko
passo, colo (m)	峠	tōge
planalto (m)	高原	kōgen
falésia (f)	断崖	dangai
colina (f)	丘	oka
glaciar (m)	氷河	hyōga
queda (f) d'água	滝	taki
géiser (m)	間欠泉	kanketsusen
lago (m)	湖	mizūmi
planície (f)	平原	heigen
paisagem (f)	風景	fūkei
eco (m)	こだま	kodama
alpinista (m)	登山家	tozan ka
escalador (m)	ロッククライマー	rokku kuraimā
conquistar (vt)	征服する	seifuku suru
subida, escalada (f)	登山	tozan

169. Rios

rio (m)	川	kawa
fonte, nascente (f)	泉	izumi
leito (m) do rio	川床	kawadoko
bacia (f)	流域	ryūiki
desaguar no ...	…に流れ込む	... ni nagarekomu
afluente (m)	支流	shiryū
margem (do rio)	川岸	kawagishi
corrente (f)	流れ	nagare
rio abaixo	下流の	karyū no
rio acima	上流の	jōryū no
inundação (f)	洪水	kōzui
cheia (f)	氾濫	hanran
transbordar (vi)	氾濫する	hanran suru
inundar (vt)	水浸しにする	mizubitashi ni suru
banco (m) de areia	浅瀬	asase
rápidos (m pl)	急流	kyūryū
barragem (f)	ダム	damu
canal (m)	運河	unga
reservatório (m) de água	ため池 [溜池]	tameike
eclusa (f)	水門	suimon
corpo (m) de água	水域	suīki
pântano (m)	沼地	numachi
tremedal (m)	湿地	shicchi

remoinho (m)	渦	uzu
arroio, regato (m)	小川	ogawa
potável	飲用の	inyō no
doce (água)	淡…	tan …
gelo (m)	氷	kōri
congelar-se (vr)	氷結する	hyōketsu suru

170. Floresta

floresta (f), bosque (m)	森林	shinrin
florestal	森林の	shinrin no
mata (f) cerrada	密林	mitsurin
arvoredo (m)	木立	kodachi
clareira (f)	空き地	akichi
matagal (m)	やぶ ［藪］	yabu
mato (m)	低木地域	teiboku chīki
vereda (f)	小道	komichi
ravina (f)	ガリ	gari
árvore (f)	木	ki
folha (f)	葉	ha
folhagem (f)	葉っぱ	happa
queda (f) das folhas	落葉	rakuyō
cair (vi)	落ちる	ochiru
topo (m)	木のてっぺん	kinoteppen
ramo (m)	枝	eda
galho (m)	主枝	shushi
botão, rebento (m)	芽［め］	me
agulha (f)	松葉	matsuba
pinha (f)	松ぼっくり	matsubokkuri
buraco (m) de árvore	樹洞	kihora
ninho (m)	巣	su
toca (f)	巣穴	su ana
tronco (m)	幹	miki
raiz (f)	根	ne
casca (f) de árvore	樹皮	juhi
musgo (m)	コケ［苔］	koke
arrancar pela raiz	根こそぎにする	nekosogi ni suru
cortar (vt)	切り倒す	kiritaosu
desflorestar (vt)	切り払う	kiriharau
toco, cepo (m)	切り株	kirikabu
fogueira (f)	焚火	takibi
incêndio (m) florestal	森林火災	shinrin kasai
apagar (vt)	火を消す	hi wo kesu

guarda-florestal (m)	森林警備隊員	shinrin keibi taīn
proteção (f)	保護	hogo
proteger (a natureza)	保護する	hogo suru
caçador (m) furtivo	密漁者	mitsuryō sha
armadilha (f)	罠	wana
colher (cogumelos)	摘み集める	tsumi atsumeru
colher (bagas)	採る	toru
perder-se (vr)	道に迷う	michi ni mayō

171. Recursos naturais

recursos (m pl) naturais	天然資源	tennen shigen
minerais (m pl)	鉱物資源	kōbutsu shigen
depósitos (m pl)	鉱床	kōshō
jazida (f)	田	den
extrair (vt)	採掘する	saikutsu suru
extração (f)	採掘	saikutsu
minério (m)	鉱石	kōseki
mina (f)	鉱山	kōzan
poço (m) de mina	立坑	tatekō
mineiro (m)	鉱山労働者	kōzan rōdō sha
gás (m)	ガス	gasu
gasoduto (m)	ガスパイプライン	gasu paipurain
petróleo (m)	石油	sekiyu
oleoduto (m)	石油パイプライン	sekiyu paipurain
poço (m) de petróleo	油井	yusei
torre (f) petrolífera	油井やぐら	yusei ya gura
petroleiro (m)	タンカー	tankā
areia (f)	砂	suna
calcário (m)	石灰岩	sekkaigan
cascalho (m)	砂利	jari
turfa (f)	泥炭	deitan
argila (f)	粘土	nendo
carvão (m)	石炭	sekitan
ferro (m)	鉄	tetsu
ouro (m)	金	kin
prata (f)	銀	gin
níquel (m)	ニッケル	nikkeru
cobre (m)	銅	dō
zinco (m)	亜鉛	aen
manganês (m)	マンガン	mangan
mercúrio (m)	水銀	suigin
chumbo (m)	鉛	namari
mineral (m)	鉱物	kōbutsu
cristal (m)	水晶	suishō
mármore (m)	大理石	dairiseki
urânio (m)	ウラン	uran

A Terra. Parte 2

172. Tempo

tempo (m)	天気	tenki
previsão (f) do tempo	天気予報	tenki yohō
temperatura (f)	温度	ondo
termómetro (m)	温度計	ondo kei
barómetro (m)	気圧計	kiatsu kei
húmido	湿度の	shitsudo no
humidade (f)	湿度	shitsudo
calor (m)	猛暑	mōsho
cálido	暑い	atsui
está muito calor	暑いです	atsui desu
está calor	暖かいです	atatakai desu
quente	暖かい	atatakai
está frio	寒いです	samui desu
frio	寒い	samui
sol (m)	太陽	taiyō
brilhar (vi)	照る	teru
de sol, ensolarado	晴れの	hare no
nascer (vi)	昇る	noboru
pôr-se (vr)	沈む	shizumu
nuvem (f)	雲	kumo
nublado	曇りの	kumori no
nuvem (f) preta	雨雲	amagumo
escuro, cinzento	どんよりした	donyori shi ta
chuva (f)	雨	ame
está a chover	雨が降っている	ame ga futte iru
chuvoso	雨の	ame no
chuviscar (vi)	そぼ降る	sobofuru
chuva (f) torrencial	土砂降りの雨	doshaburi no ame
chuvada (f)	大雨	ōame
forte (chuva)	激しい	hageshī
poça (f)	水溜り	mizutamari
molhar-se (vr)	ぬれる [濡れる]	nureru
nevoeiro (m)	霧	kiri
de nevoeiro	霧の	kiri no
neve (f)	雪	yuki
está a nevar	雪が降っている	yuki ga futte iru

173. Tempo extremo. Catástrofes naturais

trovoada (f)	雷雨	raiu
relâmpago (m)	稲妻	inazuma
relampejar (vi)	ピカッと光る	pikatto hikaru
trovão (m)	雷	kaminari
trovejar (vi)	雷が鳴る	kaminari ga naru
está a trovejar	雷が鳴っている	kaminari ga natte iru
granizo (m)	ひょう [雹]	hyō
está a cair granizo	ひょうが降っている	hyō ga futte iru
inundar (vt)	水浸しにする	mizubitashi ni suru
inundação (f)	洪水	kōzui
terremoto (m)	地震	jishin
abalo, tremor (m)	震動	shindō
epicentro (m)	震源地	shingen chi
erupção (f)	噴火	funka
lava (f)	溶岩	yōgan
turbilhão (m)	旋風	senpū
tornado (m)	竜巻	tatsumaki
tufão (m)	台風	taifū
furacão (m)	ハリケーン	harikēn
tempestade (f)	暴風	bōfū
tsunami (m)	津波	tsunami
ciclone (m)	サイクロン	saikuron
mau tempo (m)	悪い天気	warui tenki
incêndio (m)	火事	kaji
catástrofe (f)	災害	saigai
meteorito (m)	隕石	inseki
avalanche (f)	雪崩	nadare
deslizamento (m) de neve	雪崩	nadare
nevasca (f)	猛吹雪	mō fubuki
tempestade (f) de neve	吹雪	fubuki

Fauna

174. Mamíferos. Predadores

predador (m)	肉食獣	nikushoku juu
tigre (m)	トラ [虎]	tora
leão (m)	ライオン	raion
lobo (m)	オオカミ	ōkami
raposa (f)	キツネ [狐]	kitsune
jaguar (m)	ジャガー	jagā
leopardo (m)	ヒョウ [豹]	hyō
chita (f)	チーター	chītā
pantera (f)	黒豹	kuro hyō
puma (m)	ピューマ	pyūma
leopardo-das-neves (m)	雪豹	yuki hyō
lince (m)	オオヤマネコ	ōyamaneko
coiote (m)	コヨーテ	koyōte
chacal (m)	ジャッカル	jakkaru
hiena (f)	ハイエナ	haiena

175. Animais selvagens

animal (m)	動物	dōbutsu
besta (f)	獣	shishi
esquilo (m)	リス	risu
ouriço (m)	ハリネズミ [針鼠]	harinezumi
lebre (f)	ヘア	hea
coelho (m)	ウサギ [兎]	usagi
texugo (m)	アナグマ	anaguma
guaxinim (m)	アライグマ	araiguma
hamster (m)	ハムスター	hamusutā
marmota (f)	マーモット	māmotto
toupeira (f)	モグラ	mogura
rato (m)	ネズミ	nezumi
ratazana (f)	ラット	ratto
morcego (m)	コウモリ [蝙蝠]	kōmori
arminho (m)	オコジョ	okojo
zibelina (f)	クロテン	kuroten
marta (f)	マツテン	matsu ten
doninha (f)	イタチ (鼬、鼬鼠)	itachi
vison (m)	ミンク	minku

| castor (m) | ビーバー | bībā |
| lontra (f) | カワウソ | kawauso |

cavalo (m)	ウマ［馬］	uma
alce (m)	ヘラジカ（麈鹿）	herajika
veado (m)	シカ［鹿］	shika
camelo (m)	ラクダ［駱駝］	rakuda

bisão (m)	アメリカバイソン	amerika baison
auroque (m)	ヨーロッパバイソン	yōroppa baison
búfalo (m)	水牛	suigyū

zebra (f)	シマウマ［縞馬］	shimauma
antílope (m)	レイヨウ	reiyō
corça (f)	ノロジカ	noro jika
gamo (m)	ダマジカ	damajika
camurça (f)	シャモア	shamoa
javali (m)	イノシシ［猪］	inoshishi

baleia (f)	クジラ［鯨］	kujira
foca (f)	アザラシ	azarashi
morsa (f)	セイウチ［海象］	seiuchi
urso-marinho (m)	オットセイ［膃肭臍］	ottosei
golfinho (m)	いるか［海豚］	iruka

urso (m)	クマ［熊］	kuma
urso (m) branco	ホッキョクグマ	hokkyokuguma
panda (m)	パンダ	panda

macaco (em geral)	サル［猿］	saru
chimpanzé (m)	チンパンジー	chinpanjī
orangotango (m)	オランウータン	oranwutan
gorila (m)	ゴリラ	gorira
macaco (m)	マカク	makaku
gibão (m)	テナガザル	tenagazaru

elefante (m)	ゾウ［象］	zō
rinoceronte (m)	サイ［犀］	sai
girafa (f)	キリン	kirin
hipopótamo (m)	カバ［河馬］	kaba

| canguru (m) | カンガルー | kangarū |
| coala (m) | コアラ | koara |

mangusto (m)	マングース	mangūsu
chinchila (f)	チンチラ	chinchira
doninha-fedorenta (f)	スカンク	sukanku
porco-espinho (m)	ヤマアラシ	yamārashi

176. Animais domésticos

gata (f)	猫	neko
gato (m) macho	オス猫	osu neko
cão (m)	犬	inu

cavalo (m)	ウマ [馬]	uma
garanhão (m)	種馬	taneuma
égua (f)	雌馬	meuma

vaca (f)	雌牛	meushi
touro (m)	雄牛	ōshi
boi (m)	去勢牛	kyosei ushi

ovelha (f)	羊	hitsuji
carneiro (m)	雄羊	ohitsuji
cabra (f)	ヤギ [山羊]	yagi
bode (m)	雄ヤギ	oyagi

| burro (m) | ロバ | roba |
| mula (f) | ラバ | raba |

porco (m)	ブタ [豚]	buta
leitão (m)	子豚	kobuta
coelho (m)	カイウサギ [飼兎]	kai usagi

| galinha (f) | ニワトリ [鶏] | niwatori |
| galo (m) | おんどり [雄鶏] | ondori |

pata (f)	アヒル	ahiru
pato (macho)	雄アヒル	oahiru
ganso (m)	ガチョウ	gachō

| peru (m) | 雄七面鳥 | oshichimenchō |
| perua (f) | 七面鳥 [シチメンチョウ] | shichimenchō |

animais (m pl) domésticos	家畜	kachiku
domesticado	馴れた	nare ta
domesticar (vt)	かいならす	kainarasu
criar (vt)	飼養する	shiyō suru

quinta (f)	農場	nōjō
aves (f pl) domésticas	家禽	kakin
gado (m)	畜牛	chiku gyū
rebanho (m), manada (f)	群れ	mure

estábulo (m)	馬小屋	umagoya
pocilga (f)	豚小屋	buta goya
estábulo (m)	牛舎	gyūsha
coelheira (f)	ウサギ小屋	usagi koya
galinheiro (m)	鶏小屋	niwatori goya

177. Cães. Raças de cães

cão (m)	犬	inu
cão pastor (m)	牧羊犬	bokuyō ken
pastor-alemão (m)	ジャーマン・シェパード	jāman shepādo
caniche (m)	プードル	pūdoru
teckel (m)	ダックスフント	dakkusufunto
buldogue (m)	ブルドッグ	burudoggu

boxer (m)	ボクサー	bokusā
mastim (m)	マスティフ	masutifu
rottweiler (m)	ロットワイラー	rottowairā
dobermann (m)	ドーベルマン	dōberuman

basset (m)	バセットハウンド	basetto haundo
pastor inglês (m)	ボブテイル	bobuteiru
dálmata (m)	ダルメシアン	darumeshian
cocker spaniel (m)	コッカースパニエル	kokkā supanieru

| terra-nova (m) | ニューファンドランド | nyūfandorando |
| são-bernardo (m) | セントバーナード | sentobānādo |

husky (m)	ハスキー	hasukī
Chow-chow (m)	チャウチャウ	chau chau
spitz alemão (m)	スピッツ	supittsu
carlindogue (m)	パグ	pagu

178. Sons produzidos pelos animais

latido (m)	吠え声	hoe goe
latir (vi)	吠える	hoeru
miar (vi)	ニャーニャー鳴く	nyānyā naku
ronronar (vi)	ゴロゴロとのどを鳴らす	gorogoro to nodo wo narasu

mugir (vaca)	モーと鳴く	mō to naku
bramir (touro)	大声で鳴く	ōgoe de naku
rosnar (vi)	うなる	unaru

uivo (m)	遠吠え	tōboe
uivar (vi)	遠吠えする	tōboe suru
ganir (vi)	クンクン鳴く	kunkun naku

balir (vi)	メーと鳴く	mē to naku
grunhir (porco)	ブーブー鳴く	būbū naku
guinchar (vi)	キーキー鳴く	kīkī naku

coaxar (sapo)	ゲロゲロ鳴く	gerogero naku
zumbir (inseto)	ブンブン飛び回る	bunbun tobimawaru
estridular, ziziar (vi)	キリキリ鳴く	kirikiri naku

179. Pássaros

pássaro (m), ave (f)	鳥	tori
pombo (m)	鳩 [ハト]	hato
pardal (m)	スズメ (雀)	suzume
chapim-real (m)	シジュウカラ [四十雀]	shijūkara
pega-rabuda (f)	カササギ (鵲)	kasasagi

corvo (m)	ワタリガラス [渡鴉]	watari garasu
gralha (f) cinzenta	カラス [鴉]	karasu
gralha-de-nuca-cinzenta (f)	ニシコクマルガラス	nishikokumaru garasu

gralha-calva (f)	ミヤマガラス [深山烏]	miyama garasu
pato (m)	カモ [鴨]	kamo
ganso (m)	ガチョウ	gachō
faisão (m)	キジ	kiji
águia (f)	鷲	washi
açor (m)	鷹	taka
falcão (m)	ハヤブサ [隼]	hayabusa
abutre (m)	ハゲワシ	hagewashi
condor (m)	コンドル	kondoru
cisne (m)	白鳥 [ハクチョウ]	hakuchō
grou (m)	鶴 [ツル]	tsuru
cegonha (f)	シュバシコウ	shubashikō
papagaio (m)	オウム	ōmu
beija-flor (m)	ハチドリ [蜂鳥]	hachidori
pavão (m)	クジャク [孔雀]	kujaku
avestruz (m)	ダチョウ [駝鳥]	dachō
garça (f)	サギ [鷺]	sagi
flamingo (m)	フラミンゴ	furamingo
pelicano (m)	ペリカン	perikan
rouxinol (m)	サヨナキドリ	sayonakidori
andorinha (f)	ツバメ [燕]	tsubame
tordo-zornal (m)	ノハラツグミ	nohara tsugumi
tordo-músico (m)	ウタツグミ [歌鶇]	uta tsugumi
melro-preto (m)	クロウタドリ	kurōtadori
andorinhão (m)	アマツバメ [雨燕]	ama tsubame
cotovia (f)	ヒバリ [雲雀]	hibari
codorna (f)	ウズラ	uzura
pica-pau (m)	キツツキ	kitsutsuki
cuco (m)	カッコウ [郭公]	kakkō
coruja (f)	トラフズク	torafuzuku
corujão, bufo (m)	ワシミミズク	washi mimizuku
tetraz-grande (m)	ヨーロッパオオライチョウ	yōroppa ōraichō
tetraz-lira (m)	クロライチョウ	kuro raichō
perdiz-cinzenta (f)	ヨーロッパヤマウズラ	yōroppa yamauzura
estorninho (m)	ムクドリ	mukudori
canário (m)	カナリア [金糸雀]	kanaria
galinha-do-mato (f)	エゾライチョウ	ezo raichō
tentilhão (m)	ズアオアトリ	zuaoatori
dom-fafe (m)	ウソ [鷽]	uso
gaivota (f)	カモメ [鴎]	kamome
albatroz (m)	アホウドリ	ahōdori
pinguim (m)	ペンギン	pengin

180. Pássaros. Canto e sons

cantar (vi)	さえずる	saezuru
gritar (vi)	鳴く	naku
cantar (o galo)	コケコッコーと鳴く	kokekokkō to naku
cocorocó (m)	コケコッコー	kokekokkō
cacarejar (vi)	コッコッと鳴く	kokkotto naku
crocitar (vi)	カーカーと鳴く	kākā to naku
grasnar (vi)	ガーガー鳴く	gāgā naku
piar (vi)	ピーピー鳴く	pīpī naku
chilrear, gorjear (vi)	さえずる	saezuru

181. Peixes. Animais marinhos

brema (f)	ブリーム	burīmu
carpa (f)	コイ [鯉]	koi
perca (f)	ヨーロピアンパーチ	yōropian pāchi
siluro (m)	ナマズ	namazu
lúcio (m)	カワカマス	kawakamasu
salmão (m)	サケ	sake
esturjão (m)	チョウザメ [蝶鮫]	chōzame
arenque (m)	ニシン	nishin
salmão (m)	タイセイヨウサケ [大西洋鮭]	taiseiyō sake
cavala, sarda (f)	サバ [鯖]	saba
solha (f)	カレイ [鰈]	karei
lúcio perca (m)	ザンダー	zandā
bacalhau (m)	タラ [鱈]	tara
atum (m)	マグロ [鮪]	maguro
truta (f)	マス [鱒]	masu
enguia (f)	ウナギ [鰻]	unagi
raia elétrica (f)	シビレエイ	shibireei
moreia (f)	ウツボ [鱓]	utsubo
piranha (f)	ピラニア	pirania
tubarão (m)	サメ [鮫]	same
golfinho (m)	イルカ [海豚]	iruka
baleia (f)	クジラ [鯨]	kujira
caranguejo (m)	カニ [蟹]	kani
medusa, alforreca (f)	クラゲ [水母]	kurage
polvo (m)	タコ [蛸]	tako
estrela-do-mar (f)	ヒトデ [海星]	hitode
ouriço-do-mar (m)	ウニ [海胆]	uni
cavalo-marinho (m)	タツノオトシゴ	tatsunootoshigo
ostra (f)	カキ [牡蠣]	kaki
camarão (m)	エビ	ebi

| lavagante (m) | イセエビ | iseebi |
| lagosta (f) | スパイニーロブスター | supainī robusutā |

182. Amfíbios. Répteis

| serpente, cobra (f) | ヘビ (蛇) | hebi |
| venenoso | 毒…、有毒な | doku …, yūdoku na |

víbora (f)	クサリヘビ	kusarihebi
cobra-capelo, naja (f)	コブラ	kobura
pitão (m)	ニシキヘビ	nishikihebi
jiboia (f)	ボア	boa

cobra-de-água (f)	ヨーロッパヤマカガシ	yōroppa yamakagashi
cascavel (f)	ガラガラヘビ	garagarahebi
anaconda (f)	アナコンダ	anakonda

lagarto (m)	トカゲ [蜥蜴]	tokage
iguana (f)	イグアナ	iguana
varano (m)	オオトカゲ	ōtokage
salamandra (f)	サンショウウオ [山椒魚]	sanshōuo
camaleão (m)	カメレオン	kamereon
escorpião (m)	サソリ [蠍]	sasori

tartaruga (f)	カメ [亀]	kame
rã (f)	蛙 [カエル]	kaeru
sapo (m)	ヒキガエル	hikigaeru
crocodilo (m)	ワニ [鰐]	wani

183. Insetos

inseto (m)	昆虫	konchū
borboleta (f)	チョウ [蝶]	chō
formiga (f)	アリ [蟻]	ari
mosca (f)	ハエ [蝿]	hae
mosquito (m)	カ [蚊]	ka
escaravelho (m)	甲虫	kabutomushi

vespa (f)	ワスプ	wasupu
abelha (f)	ハチ [蜂]	hachi
mamangava (f)	マルハナバチ [丸花蜂]	maruhanabachi
moscardo (m)	アブ [虻]	abu

| aranha (f) | クモ [蜘蛛] | kumo |
| teia (f) de aranha | クモの巣 | kumo no su |

libélula (f)	トンボ [蜻蛉]	tonbo
gafanhoto-do-campo (m)	キリギリス	kirigirisu
traça (f)	ガ [蛾]	ga

| barata (f) | ゴキブリ [蜚蠊] | gokiburi |
| carraça (f) | ダニ [壁蝨、蜱] | dani |

| pulga (f) | ノミ [蚤] | nomi |
| borrachudo (m) | ヌカカ [糠蚊] | nukaka |

gafanhoto (m)	バッタ [飛蝗]	batta
caracol (m)	カタツムリ [蝸牛]	katatsumuri
grilo (m)	コオロギ [蟋蟀、蛬]	kōrogi
pirilampo (m)	ホタル [蛍、螢]	hotaru
joaninha (f)	テントウムシ [天道虫]	tentōmushi
besouro (m)	コフキコガネ	kofukikogane

sanguessuga (f)	ヒル [蛭]	hiru
lagarta (f)	ケムシ [毛虫]	kemushi
minhoca (f)	ミミズ [蚯蚓]	mimizu
larva (f)	幼虫	yōchū

184. Animais. Partes do corpo

bico (m)	くちばし （嘴）	kuchibashi
asas (f pl)	翼 [つばさ]	tsubasa
pata (f)	足	ashi
plumagem (f)	羽毛	umŏ
pena, pluma (f)	羽	hane
crista (f)	とさか	tosaka

brânquias, guelras (f pl)	えら [鰓]	era
ovas (f pl)	卵	tamago
larva (f)	幼虫	yōchū
barbatana (f)	ひれ [鰭]	hire
escama (f)	鱗 （うろこ）	uroko

canino (m)	犬歯	kenshi
pata (f)	足	ashi
focinho (m)	鼻口部	hana guchi bu
boca (f)	口	kuchi
cauda (f), rabo (m)	尻尾	shippo
bigodes (m pl)	洞毛	dōmo u

| casco (m) | ひづめ | hizume |
| corno (m) | 角 | tsuno |

carapaça (f)	甲羅	kōra
concha (f)	貝殻	kaigara
casca (f) de ovo	卵の殻	tamago no kara

| pelo (m) | 毛 | ke |
| pele (f), couro (m) | 毛皮 | kegawa |

185. Animais. Habitats

hábitat	生息地	seisoku chi
migração (f)	渡り	watari
montanha (f)	山	yama

| recife (m) | サンゴ礁 | sangoshō |
| falésia (f) | 断崖 | dangai |

floresta (f)	森林	shinrin
selva (f)	ジャングル	janguru
savana (f)	サバンナ	sabanna
tundra (f)	ツンドラ	tsundora

estepe (f)	ステップ	suteppu
deserto (m)	砂漠	sabaku
oásis (m)	オアシス	oashisu

mar (m)	海	umi
lago (m)	湖	mizūmi
oceano (m)	海洋	kaiyō

pântano (m)	沼地	numachi
de água doce	淡水の	tansui no
lagoa (f)	池	ike
rio (m)	川	kawa

toca (f) do urso	動物の巣穴	dōbutsu no su ana
ninho (m)	巣	su
buraco (m) de árvore	樹洞	kihora
toca (f)	巣穴	su ana
formigueiro (m)	アリ塚 [蟻塚]	arizuka

Flora

186. Árvores

árvore (f)	木	ki
decídua	落葉性の	rakuyō sei no
conífera	針葉樹の	shinyōju no
perene	常緑の	jōryoku no
macieira (f)	りんごの木	ringonoki
pereira (f)	洋梨の木	yōnashinoki
cerejeira (f)	セイヨウミザクラ	seiyōmi zakura
ginjeira (f)	スミミザクラ	sumimi zakura
ameixeira (f)	プラムトリー	puramu torī
bétula (f)	カバノキ	kabanoki
carvalho (m)	オーク	ōku
tília (f)	シナノキ [科の木]	shinanoki
choupo-tremedor (m)	ヤマナラシ [山鳴らし]	yamanarashi
bordo (m)	カエデ [楓]	kaede
espruce-europeu (m)	スプルース	supurūsu
pinheiro (m)	マツ [松]	matsu
alerce, lariço (m)	カラマツ [唐松]	karamatsu
abeto (m)	モミ [樅]	momi
cedro (m)	シダー	shidā
choupo, álamo (m)	ポプラ	popura
tramazeira (f)	ナナカマド	nanakamado
salgueiro (m)	ヤナギ [柳]	yanagi
amieiro (m)	ハンノキ	hannoki
faia (f)	ブナ	buna
ulmeiro (m)	ニレ [楡]	nire
freixo (m)	トネリコ [梣]	toneriko
castanheiro (m)	クリ [栗]	kuri
magnólia (f)	モクレン [木蓮]	mokuren
palmeira (f)	ヤシ [椰子]	yashi
cipreste (m)	イトスギ [糸杉]	itosugi
mangue (m)	マングローブ	mangurōbu
embondeiro, baobá (m)	バオバブ	baobabu
eucalipto (m)	ユーカリ	yūkari
sequoia (f)	セコイア	sekoia

187. Arbustos

arbusto (m)	低木	teiboku
arbusto (m), moita (f)	潅木	kanboku

| videira (f) | ブドウ ［葡萄］ | budō |
| vinhedo (m) | ブドウ園 ［葡萄園］ | budōen |

framboeseira (f)	ラズベリー	razuberī
groselheira-preta (f)	クロスグリ	kuro suguri
groselheira-vermelha (f)	フサスグリ	fusa suguri
groselheira (f) espinhosa	セイヨウスグリ	seiyō suguri

acácia (f)	アカシア	akashia
bérberis (f)	メギ	megi
jasmim (m)	ジャスミン	jasumin

junípero (m)	セイヨウネズ	seiyōnezu
roseira (f)	バラの木	baranoki
roseira (f) brava	イヌバラ	inu bara

188. Cogumelos

cogumelo (m)	キノコ ［茸］	kinoko
cogumelo (m) comestível	食用キノコ	shokuyō kinoko
cogumelo (m) venenoso	毒キノコ	doku kinoko
chapéu (m)	カサ ［傘］	kasa
pé, caule (m)	柄	e

boleto (m)	ヤマドリタケ	yamadori take
boleto (m) alaranjado	アカエノキンチャヤマイグチ	akaenokincha yamaiguchi
míscaro (m) das bétulas	ヤマイグチ	yamaiguchi
cantarela (f)	アンズタケ ［杏茸］	anzu take
rússula (f)	ベニタケ ［紅茸］	beni take

morchella (f)	アミガサタケ ［網笠茸］	amigasa take
agário-das-moscas (m)	ベニテングタケ ［紅天狗茸］	benitengu take
cicuta (f) verde	タマゴテングタケ ［卵天狗茸］	tamagotengu take

189. Frutos. Bagas

fruta (f)	果物	kudamono
frutas (f pl)	果物	kudamono
maçã (f)	リンゴ	ringo
pera (f)	洋梨	yōnashi
ameixa (f)	プラム	puramu

morango (m)	イチゴ（苺）	ichigo
ginja, cereja (f)	チェリー	cherī
ginja (f)	サワー チェリー	sawā cherī
cereja (f)	スイート チェリー	suīto cherī
uva (f)	ブドウ ［葡萄］	budō

framboesa (f)	ラズベリー（木苺）	razuberī
groselha (f) preta	クロスグリ	kuro suguri
groselha (f) vermelha	フサスグリ	fusa suguri
groselha (f) espinhosa	セイヨウスグリ	seiyō suguri

oxicoco (m)	クランベリー	kuranberī
laranja (f)	オレンジ	orenji
tangerina (f)	マンダリン	mandarin
ananás (m)	パイナップル	painappuru
banana (f)	バナナ	banana
tâmara (f)	デーツ	dētsu

limão (m)	レモン	remon
damasco (m)	アンズ［杏子］	anzu
pêssego (m)	モモ［桃］	momo
kiwi (m)	キウイ	kiui
toranja (f)	グレープフルーツ	gurēbu furūtsu

baga (f)	ベリー	berī
bagas (f pl)	ベリー	berī
arando (m) vermelho	コケモモ	kokemomo
morango-silvestre (m)	ノイチゴ［野いちご］	noichigo
mirtilo (m)	ビルベリー	biruberī

190. Flores. Plantas

flor (f)	花	hana
ramo (m) de flores	花束	hanataba

rosa (f)	バラ	bara
tulipa (f)	チューリップ	chūrippu
cravo (m)	カーネーション	kānēshon
gladíolo (m)	グラジオラス	gurajiorasu

centáurea (f)	ヤグルマギク［矢車菊］	yagurumagiku
campânula (f)	ホタルブクロ	hotarubukuro
dente-de-leão (m)	タンポポ［蒲公英］	tanpopo
camomila (f)	カモミール	kamomīru

aloé (m)	アロエ	aroe
cato (m)	サボテン	saboten
fícus (m)	イチジク	ichijiku

lírio (m)	ユリ［百合］	yuri
gerânio (m)	ゼラニウム	zeranyūmu
jacinto (m)	ヒヤシンス	hiyashinsu

mimosa (f)	ミモザ	mimoza
narciso (m)	スイセン［水仙］	suisen
capuchinha (f)	キンレンカ［金蓮花］	kinrenka

orquídea (f)	ラン［蘭］	ran
peónia (f)	シャクヤク［芍薬］	shakuyaku
violeta (f)	スミレ［菫］	sumire

amor-perfeito (m)	パンジー	panjī
não-me-esqueças (m)	ワスレナグサ［勿忘草］	wasurenagusa
margarida (f)	デイジー	deijī
papoula (f)	ポピー	popī

cânhamo (m)	アサ［麻］	asa
hortelã (f)	ミント	minto
lírio-do-vale (m)	スズラン［鈴蘭］	suzuran
campânula-branca (f)	スノードロップ	sunōdoroppu
urtiga (f)	イラクサ［刺草］	irakusa
azeda (f)	スイバ	suiba
nenúfar (m)	スイレン［睡蓮］	suiren
feto (m), samambaia (f)	シダ	shida
líquen (m)	地衣類	chī rui
estufa (f)	温室	onshitsu
relvado (m)	芝生	shibafu
canteiro (m) de flores	花壇	kadan
planta (f)	植物	shokubutsu
erva (f)	草	kusa
folha (f) de erva	草の葉	kusa no ha
folha (f)	葉	ha
pétala (f)	花びら	hanabira
talo (m)	茎	kuki
tubérculo (m)	塊茎	kaikei
broto, rebento (m)	シュート	shūto
espinho (m)	茎針	kuki hari
florescer (vi)	開花する	kaika suru
murchar (vi)	しおれる	shioreru
cheiro (m)	香り	kaori
cortar (flores)	切る	kiru
colher (uma flor)	摘む	tsumamu

191. Cereais, grãos

grão (m)	穀物	kokumotsu
cereais (plantas)	禾穀類	kakokurui
espiga (f)	花穂	kasui
trigo (m)	コムギ［小麦］	komugi
centeio (m)	ライムギ［ライ麦］	raimugi
aveia (f)	オーツムギ［オーツ麦］	ōtsu mugi
milho-miúdo (m)	キビ［黍］	kibi
cevada (f)	オオムギ［大麦］	ōmugi
milho (m)	トウモロコシ	tōmorokoshi
arroz (m)	イネ［稲］	ine
trigo-sarraceno (m)	ソバ［蕎麦］	soba
ervilha (f)	エンドウ［豌豆］	endō
feijão (m)	インゲンマメ［隠元豆］	ingen mame
soja (f)	ダイズ［大豆］	daizu
lentilha (f)	レンズマメ［レンズ豆］	renzu mame
fava (f)	豆類	mamerui

GEOGRAFIA REGIONAL

Países. Nacionalidades

192. Política. Governo. Parte 1

política (f)	政治	seiji
político	政治の	seiji no
político (m)	政治家	seiji ka
estado (m)	国家	kokka
cidadão (m)	国民	kokumin
cidadania (f)	国籍	kokuseki
brasão (m) de armas	国章	kokushō
hino (m) nacional	国歌	kokka
governo (m)	政府	seifu
Chefe (m) de Estado	首脳	shunō
parlamento (m)	国会	kokkai
partido (m)	党	tō
capitalismo (m)	資本主義	shihon shugi
capitalista	資本主義の	shihon shugi no
socialismo (m)	社会主義	shakai shugi
socialista	社会主義の	shakai shugi no
comunismo (m)	共産主義	kyōsan shugi
comunista	共産主義の	kyōsan shugi no
comunista (m)	共産主義者	kyōsan shugi sha
democracia (f)	民主主義	minshu shugi
democrata (m)	民主主義者	minshu shugi sha
democrático	民主主義の	minshu shugi no
Partido (m) Democrático	民主党	minshutō
liberal (m)	自由主義者	jiyū shugi sha
liberal	自由主義の	jiyū shugi no
conservador (m)	保守主義者	hoshu shugi sha
conservador	保守主義の	hoshu shugi no
república (f)	共和国	kyōwa koku
republicano (m)	共和党員	kyōwatō in
Partido (m) Republicano	共和党	kyōwatō
eleições (f pl)	選挙	senkyo
eleger (vt)	選出する	senshutsu suru

| eleitor (m) | 投票者 | tōhyō sha |
| campanha (f) eleitoral | 選挙戦 | senkyo sen |

votação (f)	投票	tōhyō
votar (vi)	投票する	tōhyō suru
direito (m) de voto	投票権	tōhyō ken

candidato (m)	候補者	kōho sha
candidatar-se (vi)	選挙に出る	senkyo ni deru
campanha (f)	運動	undō

| da oposição | 野党の | yatō no |
| oposição (f) | 野党 | yatō |

visita (f)	訪問	hōmon
visita (f) oficial	公式訪問	kōshiki hōmon
internacional	国際的な	kokusai teki na

| negociações (f pl) | 交渉 | kōshō |
| negociar (vi) | 交渉する | kōshō suru |

193. Política. Governo. Parte 2

sociedade (f)	社会	shakai
constituição (f)	憲法	kenpō
poder (ir para o ~)	権力	kenryoku
corrupção (f)	汚職	oshoku

| lei (f) | 法律 | hōritsu |
| legal | 合法の | gōhō no |

| justiça (f) | 公正 | kōsei |
| justo | 公正な | kōsei na |

comité (m)	委員会	īn kai
projeto-lei (m)	法案	hōan
orçamento (m)	予算	yosan
política (f)	政策	seisaku
reforma (f)	改革	kaikaku
radical	根本的…	konpon teki …

força (f)	権力	kenryoku
poderoso	権力の	kenryoku no
partidário (m)	支持者	shiji sha
influência (f)	影響力	eikyō ryoku

regime (m)	政権	seiken
conflito (m)	紛争	funsō
conspiração (f)	陰謀	inbō
provocação (f)	挑発	chōhatsu

derrubar (vt)	打倒する	datō suru
derrube (m), queda (f)	打倒	datō
revolução (f)	革命	kakumei

| golpe (m) de Estado | クーデター | kūdetā |
| golpe (m) militar | 軍事クーデター | gunji kūdetā |

crise (f)	危機	kiki
recessão (f) económica	不景気	fukeiki
manifestante (m)	デモ参加者	demo sanka sha
manifestação (f)	デモ	demo
lei (f) marcial	戒厳令	kaigen rei
base (f) militar	軍事基地	gunji kichi

| estabilidade (f) | 安定性 | antei sei |
| estável | 安定した | antei shi ta |

| exploração (f) | 搾取 | sakushu |
| explorar (vt) | 搾取する | sakushu suru |

racismo (m)	人種差別	jinshu sabetsu
racista (m)	人種差別主義者	jinshu sabetsu shugi sha
fascismo (m)	ファシズム	fashizumu
fascista (m)	ファシスト	fashisuto

194. Países. Diversos

estrangeiro (m)	外国人	gaikoku jin
estrangeiro	外国の	gaikoku no
no estrangeiro	海外へ	kaigai he

emigrante (m)	移住者	ijū sha
emigração (f)	移住	ijū
emigrar (vi)	移住する	ijū suru

Ocidente (m)	西方	seihō
Oriente (m)	東洋	tōyō
Extremo Oriente (m)	極東	kyokutō

civilização (f)	文明	bunmei
humanidade (f)	人類	jinrui
mundo (m)	世界	sekai
paz (f)	平和	heiwa
mundial	世界的に	sekai teki ni

pátria (f)	母国	bokoku
povo (m)	人民	jinmin
população (f)	人口	jinkō
gente (f)	人々	hitobito
nação (f)	民族	minzoku
geração (f)	世代	sedai

território (m)	領域	ryōiki
região (f)	地域	chīki
estado (m)	州	shū

| tradição (f) | 慣習 | kanshū |
| costume (m) | 風習 | fūshū |

ecologia (f)	エコロジー	ekorojī
índio (m)	インディアン	indian
cigano (m)	ジプシー	jipushī
cigana (f)	ジプシー	jipushī
cigano	ジプシーの	jipushī no
império (m)	帝国	teikoku
colónia (f)	植民地	shokumin chi
escravidão (f)	奴隷制度	dorei seido
invasão (f)	侵略	shinrya ku
fome (f)	飢餓	kiga

195. Grupos religiosos mais importantes. Confissões

religião (f)	宗教	shūkyō
religioso	宗教の	shūkyō no
crença (f)	信仰	shinkō
crer (vt)	信じる	shinjiru
crente (m)	信者	shinja
ateísmo (m)	無神論	mushin ron
ateu (m)	無神論者	mushin ron sha
cristianismo (m)	キリスト教	kirisuto kyō
cristão (m)	キリスト教徒	kirisuto kyōto
cristão	キリスト教の	kirisuto kyō no
catolicismo (m)	カトリック教	katorikku kyō
católico (m)	カトリック教徒	katorikku kyōto
católico	カトリック教の	katorikku kyō no
protestantismo (m)	プロテスタント教	purotesutanto kyō
Igreja (f) Protestante	プロテスタント教会	purotesutanto kyōkai
protestante (m)	プロテスタント	purotesutanto
ortodoxia (f)	正教	seikyō
Igreja (f) Ortodoxa	正教会	seikyōkai
ortodoxo (m)	正教の	seikyō no
presbiterianismo (m)	長老派	chōrō ha
Igreja (f) Presbiteriana	長老派教会	chōrō ha kyōkai
presbiteriano (m)	長老派教会員	chōrō ha kyōkaīn
Igreja (f) Luterana	ルーテル教会	rūteru kyōkai
luterano (m)	ルーテル教徒	rūteru kyōto
Igreja (f) Batista	バプテスト教会	baputesuto kyōkai
batista (m)	バプテスト	baputesuto
Igreja (f) Anglicana	英国国教会	eikoku kokkyōkai
anglicano (m)	英国国教徒	eikoku koku kyōto
mormonismo (m)	モルモン教	morumon kyō
mórmon (m)	モルモン教徒	morumon kyōto

| Judaísmo (m) | ユダヤ教 | yudaya kyō |
| judeu (m) | ユダヤ教徒 | yudaya kyōto |

| budismo (m) | 仏教 | bukkyō |
| budista (m) | 仏教徒 | bukkyōto |

| hinduísmo (m) | ヒンドゥー教 | hindū kyō |
| hindu (m) | ヒンドゥー教徒 | hindū kyōto |

Islão (m)	イスラム教	isuramukyō
muçulmano (m)	イスラム教徒	isuramu kyōto
muçulmano	イスラム教の	isuramu kyō no

| Xiismo (m) | シーア派 | shīaha |
| xiita (m) | シーア派 | shīaha |

| sunismo (m) | スンニ派 | sunniha |
| sunita (m) | スンニ派 | sunniha |

196. Religiões. Padres

| padre (m) | 祭司 | saishi |
| Papa (m) | ローマ法王 | rōmahōō |

monge (m)	修道士	shūdō shi
freira (f)	修道女	shūdō onna
pastor (m)	牧師	bokushi

abade (m)	修道院長	shūdōin chō
vigário (m)	教区牧師	kyōku bokushi
bispo (m)	司教	shikyō
cardeal (m)	枢機卿	sūkikyō

pregador (m)	伝道師	dendō shi
sermão (m)	伝道	dendō
paroquianos (pl)	教区民	kyō kumin

| crente (m) | 信者 | shinja |
| ateu (m) | 無神論者 | mushin ron sha |

197. Fé. Cristianismo. Islão

| Adão | アダム | adamu |
| Eva | イブ | ibu |

Deus (m)	神	kami
Senhor (m)	神様	kamisama
Todo Poderoso (m)	全能の神	zennō no kami

pecado (m)	罪	tsumi
pecar (vi)	罪を犯す	tsumi wo okasu
pecador (m)	罪人	zainin

pecadora (f)	罪人	zainin
inferno (m)	地獄	jigoku
paraíso (m)	楽園	rakuen
Jesus	イエス	iesu
Jesus Cristo	イエス・キリスト	iesu kirisuto
Espírito (m) Santo	聖霊	seirei
Salvador (m)	救世主	kyūseishu
Virgem Maria (f)	聖母マリア	seibo maria
Diabo (m)	悪魔	akuma
diabólico	悪魔の	akuma no
Satanás (m)	サタン	satan
satânico	サタンの	satan no
anjo (m)	天使	tenshi
anjo (m) da guarda	守護天使	shugo tenshi
angélico	天使の	tenshi no
apóstolo (m)	使徒	shito
arcanjo (m)	大天使	dai tenshi
anticristo (m)	反キリスト	han kirisuto
Igreja (f)	教会	kyōkai
Bíblia (f)	聖書	seisho
bíblico	聖書の	seisho no
Velho Testamento (m)	旧約聖書	kyūyaku seisho
Novo Testamento (m)	新約聖書	shinyaku seisho
Evangelho (m)	福音書	fukuin sho
Sagradas Escrituras (f pl)	聖典	seiten
Céu (m)	天国	tengoku
mandamento (m)	戒律	kairitsu
profeta (m)	預言者	yogen sha
profecia (f)	預言	yogen
Alá	アッラー	arrā
Maomé	マホメット	mahometto
Corão, Alcorão (m)	コーラン	kōran
mesquita (f)	モスク	mosuku
mulá (m)	ムッラー	murrā
oração (f)	祈り	inori
rezar, orar (vi)	祈る	inoru
peregrinação (f)	巡礼	junrei
peregrino (m)	巡礼者	junrei sha
Meca (f)	メッカ	mekka
igreja (f)	教会堂	kyōkaidō
templo (m)	寺院	jīn
catedral (f)	大聖堂	dai seidō
gótico	ゴシック…	goshikku …
sinagoga (f)	シナゴーグ	shinagōgu

mesquita (f)	モスク	mosuku
capela (f)	チャペル	chaperu
abadia (f)	修道院	shūdōin
convento (m)	女子修道院	joshi shūdōin
mosteiro (m)	男子修道院	danshi shūdōin
sino (m)	鐘	kane
campanário (m)	鐘楼	shurō
repicar (vi)	鳴る	naru
cruz (f)	十字架	jūjika
cúpula (f)	ドーム	dōmu
ícone (m)	イコン	ikon
alma (f)	魂	tamashī
destino (m)	運命	unmei
mal (m)	悪	aku
bem (m)	善	zen
vampiro (m)	吸血鬼	kyūketsuki
bruxa (f)	魔女	majo
demónio (m)	悪魔	akuma
espírito (m)	精神	seishin
redenção (f)	贖罪	shokuzai
redimir (vt)	罪を贖う	tsumi wo aganau
missa (f)	ミサ	misa
celebrar a missa	ミサを行う	misa wo okonau
confissão (f)	告解	kokkai
confessar-se (vr)	告解する	kokkai suru
santo (m)	聖人	seijin
sagrado	神聖な	shinsei na
água (f) benta	聖水	seisui
ritual (m)	儀式	gishiki
ritual	儀式の	gishiki no
sacrifício (m)	犠牲	gisei
superstição (f)	迷信	meishin
supersticioso	縁起を担ぐ	engi wo katsugu
vida (f) depois da morte	来世	raise
vida (f) eterna	永遠の生命	eien no seimei

TEMAS DIVERSOS

198. Várias palavras úteis

ajuda (f)	手伝い	tetsudai
barreira (f)	障壁	shōheki
base (f)	基礎	kiso
categoria (f)	カテゴリー	kategorī
causa (f)	理由	riyū
coincidência (f)	一致	icchi
coisa (f)	物	mono
começo (m)	始め	hajime
cómodo (ex. poltrona ~a)	心地良い	kokochiyoi
comparação (f)	比較	hikaku
compensação (f)	埋め合わせ	umeawase
crescimento (m)	成長	seichō
desenvolvimento (m)	発達	hattatsu
diferença (f)	差異	sai
efeito (m)	効果	kōka
elemento (m)	要素	yōso
equilíbrio (m)	衡平	kōhei
erro (m)	間違い	machigai
esforço (m)	尽力	jinryoku
estilo (m)	スタイル	sutairu
exemplo (m)	例	rei
facto (m)	事実	jijitsu
fim (m)	終わり	owari
forma (f)	形状	keijō
frequente	よくある	yoku aru
fundo (ex. ~ verde)	背景	haikei
género (tipo)	種類	shurui
grau (m)	程度	teido
ideal (m)	理想	risō
labirinto (m)	迷路	meiro
modo (m)	方法	hōhō
momento (m)	瞬間	shunkan
objeto (m)	物体	buttai
obstáculo (m)	妨害	bōgai
original (m)	原本	genpon
padrão	標準の	hyōjun no
padrão (m)	標準	hyōjun
paragem (pausa)	休止	kyūshi
parte (f)	一部	ichibu

partícula (f)	小片	shōhen
pausa (f)	一時停止	ichiji teishi
posição (f)	位置	ichi
princípio (m)	原理	genri
problema (m)	問題	mondai
processo (m)	一連の作業	ichiren no sagyō
progresso (m)	進歩	shinpo
propriedade (f)	性質	seishitsu
reação (f)	反応	hannō
risco (m)	危険	kiken
ritmo (m)	テンポ	tenpo
segredo (m)	秘密	himitsu
série (f)	シリーズ	shirīzu
sistema (m)	システム	shisutemu
situação (f)	状況	jōkyō
solução (f)	解決	kaiketsu
tabela (f)	表	hyō
termo (ex. ~ técnico)	用語	yōgo
tipo (m)	型	gata
urgente	至急の	shikyū no
urgentemente	至急に	shikyū ni
utilidade (f)	実用性	jitsuyō sei
variante (f)	バリアント	barianto
variedade (f)	選択	sentaku
verdade (f)	真実	shinjitsu
vez (f)	順番	junban
zona (f)	地帯	chitai

www.ingramcontent.com/pod-product-compliance
Lightning Source LLC
LaVergne TN
LVHW051346080426
835509LV00020BA/3313